경상도
정치
인해전술

인터넷신문 브레이크뉴스 발행인이 쓴 시사칼럼집

경상도 정치 인해전술

초판인쇄 2021년 10월 15일
초판발행 2021년 10월 20일

지은이 : 문 일 석
발행인 : 서 영 애
펴낸곳 : 대양미디어

서울시 중구 퇴계로45길 22-6(일호빌딩) 602호
전화 : (02)2276-0078
E-mail : dymedia@hanmail.net

ISBN 979-11-6072-085-3 03300
값 13,000원

인터넷신문 브레이크뉴스 발행인이 쓴 시사칼럼
지은이 문일석

경상도

"경상도+전라도는 박정희-김대중의 정신을 이어 받으면서, 출신 지역을 가리지 않고, 천하의 인재들을 발탁, 국가 발전에 기여케 하는 길을 가야만 한다"

정치
인해전술

찬밥신세 사람들의 번영-출세시대가 열린 내막
정치안목으로 볼 때 경상도 패권 속에서 일어난 일들

년 10월 중공군이
도 압록강을 넘어오는 장면

대양미디어

"경상도 정치 인해전술"

6·25 전쟁 때 청천강 전투가 있었다. 한국군+유엔군은 1950년 10월 19일 평양을 점령했다. 그날로 중국군이 우리나라 국경인 압록강을 밀고 내려왔다. 중공군 30만 명. 대규모 병력이 인해전술 작전을 폈다. 이로 인해 한국군과 유엔군은 청천강 전투에서 크게 패했다. 이 여파로 1951년 4월, 트루먼 미 대통령은 맥아더를 해임하는 조치를 취했다. 중국군의 인해전술 작전이란 용어는 6·25 때 청천강 전투에서 나온 말이다. 6·25 전쟁 때 중공군은 인해전술을 써서 38선 이북을 차지했다.

전쟁에서의 인해전술과 차원이 다르지만, 한국 현대 정치사에서 박정희-김대중 대결(1971. 4. 27. 대선)을 기점으로 경상-전라도 대결이 본격화됐다. 이 선거에서 민주 공화당의 박정희 후보가 53% 득표했고, 신민당의 김대중 후보가 45%를 득표했다. 90만 표 차이로 박정희가 당선됐다. 하지만 "개표에서 졌다"는 말들이 공공연하게 나돌았다.

1971년 대통령 선거 전후로 시작된 극한적인 경상도-전라도 간의 지역감정 대결에서 경상도는 전라도 보다 인구가 많아 인해 전술적 정치작전에서 성공을 거둔 것으로 평가된다.

　그런 연유로 인해, 대한민국, 국가를 이끄는 최고(最高) 인재(대통령)의 지역편향은 아주 심각하다. 1961년 후 60년 역사 가운데 대통령들의 출신 지역을 보면, 영남권에 극도로 편향돼 있다. 영남권 출신인 박정희 18년, 전두환 7년, 노태우-김영삼-노무현-이명박 각 5년, 박근혜 4년-문재인 4년 재임 중이다. 합해서 53년 정도이다. 문재인 대통령이 임기를 마치면 더 길어진다. 영남 이외의 타 지역 출신은 호남 출신인 김대중 5년뿐이었다. 충청, 강원, 제주 등지의 출신은 대통령 직선제 제도에서 한 번도 대통령 권좌에 앉아보지 못했다. 그 이유는 인재 우선주의가 아닌 지역주의-편향된 지역감정 때문이었다. 영남권 출신 정치인물들의 대통령직 독주는 정의(正義)가 아닐 수 있다. 경상도 패권정치(覇權政治), 언제까지 지속돼야 하는가?

　이제는 달라져야 하지 않을까? 영호남 지역감정이 느슨해지고 있기 때문이다. 거기에다가 새로운 유권자 강자 지역이 나타났다. 저자는 지난 2021년 6월 18일 브레이크뉴스에 게재한 "차기 대통령 선거, 머릿수로만 따지면 '서울-경기가 패권 장악'" 제하의 글에서 "통계청이 집계한 지난 2020년 6월 말 기준, 우리나라 총인구는 51,801,449명이었다. 이중 남자는 25,861,116명, 여자 25,940,333명이었다. 여자의 인구수가 남자보다 많다. 그래서 차기 대선은 여자가 리드할 수 있다. 여자가 어느 대선 후보 쪽으로 뭉치느냐에 따라 차기 대통령의 당락(當落)이 갈라질 수 있다"고 예시(例示)하고 "도시-지역별 인구의 수는 • 서울 : 9,814,049명 • 부산 : 3,455,611명 • 인천 : 2,953,883

명·대구: 2,469,617명·대전: 1,494,878명·광주: 1,460,745명·울산: 1,159,594명·세종: 330,332명·경기: 12,975,176명·경남: 3,377,483명·경북: 2,681,090명·충남: 2,122,220명·전남: 1,887,991명·전북: 1,844,639명·충북: 1,595,772명·강원: 1,544,843명·제주: 663,526명이었다. 이에 따른, 지역별 인구의 수는 ▲서울-경기=22,789,225 ▲영남=13,143,395 ▲충청=5,543,202 ▲호남=5,233,375 ▲강원=1,544,843명 ▲제주=663,526명 순이었다. 차기 대통령 선거 바람은 인수 수로 볼 때 첫째 영향력은 서울-경기가 쥐고 있다고 하겠다. 서울-경기가 뭉치면? 이 지역 인구의 수가 가장 많아 대통령 당선의 최대변수 지역이다. 두 번째 지역은 영남이다. 충청이 세 번째. 호남은 충청에 뒤져 있다. 여기에서 출향인(出鄕人)들의 투표성향이 내재(內在)돼 있을 수 있다. 도시-지역별 인구의 수로 볼 때 영남인들이 큰소리치는 시대는 지났다. 서울-경기라는 강자가 있기 때문"이라고 지적한 바 있다.

호남권은 현대 한국 정치의 선진 지역이었다. 군사독재와 싸워 승리한 지역이었다. 1961년 이후 60년 기간에 영남권 출신이 무려 53년간이나 대통령 자리에 있었다. 지역편향의 심각성이 내재돼 있는 수치이다. 전라도의 자존심(自尊心)은 김대중의 대통령 당선을 만들어 냈다. 이어 노무현 전 대통령-문재인 현 대통령도 전라도의 자존심이 만들어 낸 결과였다. 아마 전라도인들은 전라도의 자존심을 오래오래 기억하면서 살아가야 할 것이다.

해안가에 가두리 양식장이란 게 있다. 고기들은 갇혀서 산다. 어쩜, 저자는 지금껏 갇혀 살았다. 영호남 대결 구도에 갇혀 살았다. 남북한

대결 구도에도 갇혀 살았다. 근년부터는 미국-중국의 글로벌 G1-G2
라는 극한적인 국제 대결 속으로 내몰리고 있다. 집단지식을 습득, 세
계의 선진 민주국가로 도약한 대한민국은 이제 그런 가두리 양식장에
갇혀 살 신세가 아니다. 그런 가두리가 무언지 다 알고 있다. 그런 것과
바이 바이다. 이제 한민족은 자유다. 갇힌 신세가 아니다.

경상도와 전라도는 죽기 살기로 대결해서 어느 한쪽이 어느 한쪽을
인정이나 사정을 고려하지 않고 짓눌러야 할 상대가 아닌, 상호 공조(共
助)해야 할 구도이다. 지금, 또는 이후에 그런 구도가 아니라면 멍청한
짓이다. 일본에서 경상도는 아주 가깝다. 어느 날 일본이 경상도를 쳐
들어와 지배하면 어떡해? 이러한 때 전라도가 왜 경상도 구하러 가야
돼? 지역 차별이 더해지면 아주 고민되는 상황일 수도 있다. 전라도와
경상도는 한 몸임을 인식해야 한다.

오랜 기간 경상도 출신 대통령들의 장기집권으로 덕을 본 일부 경상
도인들도 있을 터이다. 그러나 경상도인들이라고 모두 다 권력의 덕을
봤다고는 할 수 없다. 비리 혐의로 구속된 이명박-박근혜 두 명의 전직
대통령들은 경상도의 자존심을 완전히 망가뜨렸다. 이를 부인할 수 있
는가? 경상도 출신 대통령들의 장기집권 폐해이기도 하다.

경상도, 이젠 작은 우물 싸움에서 벗어나시라. 그간 경상도가 길고
긴 영호남 대결에서 유권자 수가 많다는 이유로 호남을 짓눌렀을지는
몰라도, 인구 많은 중국이나 인도의 인해전술(人海戰術)과 결코 대결할 수
는 없을 일이다.

이 책은 물고기가 해안의 가두리 양식장에 갇혀 살아야 했던, 전라도
출신으로 50년 기자 생활을 해왔던, 주류 신문기자가 아닌 변두리 매

체 기자의 양심선언일 수도 있다. 이런 글을 쓰며 살아온 것은 어쩌면 숙명(宿命)인지 모른다.

지금은 역사의 대변동기이다. 세계 최강국인 미국이라 해도, 경상도가 전라도를 무시하듯 전라도를 무시할 수 없게 돼 있다. 더 이상 한국을 무시할 수 없기 때문이다. 이런 시대에 경상도가 전라도를 무시한다면? 차별한다면? 경상도가 가야 할 길은 과연 어디일까? 낙후의 길일 것이다. 미개의 길일 것이다. 어디로 가는지에 대한 방향의 결정은 경상도의 몫이다. 과거 패거리 정치, 인해 전술적 정치 시대는 마감돼야 한다. 경상도 출신 박정희 전 대통령은 국가를 부강 시켰다. 전라도 출신 김대중 전 대통령은 민주주의 국가를 만드는데 기여했다. 갈 길은 이미 정해졌다고 본다. 경상도+전라도는 박정희−김대중의 정신을 이어받으면서, 출신 지역을 가리지 않고, 천하의 인재들을 발탁, 국가 발전에 기여케 하는 길을 가야만 한다고 제안한다.

세상이 변했다. '저항성 전분'이란 게 있다. 장내에 살고 있는 세균의 먹이를 늘려 인체 장(腸)의 건강을 좋게 해주는 물질이다. 밥(탄수화물)을 차게 하면 생기는 게 '저항성 전분'이다. 찬밥의 효능이다. 과거의 찬밥 신세가 아니다. 밥을 차게 하면, 저항성 전분이 생겨난다. 요즘 들어 과거 찬밥신세의 사람들, 천대받던 전라도 사람들, 가난했던 흙수저들이 뜨는 이유와 비슷하다. 전라도에 생명의 뿌리를 둔, 김범수 카카오 의장의 한국 최고 부자 등극은 시대가 달라지면서 '찬밥신세 사람들의 번영'을 잘 보여준 사례라 할 수 있다.

세상이 뒤집어졌다. 겨울을 지나 따뜻한 봄이 되면 저수지 속의 물은 뒤집어진다. 찬물이 한꺼번에 위로 올라오기 때문에 확 뒤집어진다. 이

책을 마무리하는 순간 전화가 걸려왔다. 경상도에 태어난 분으로 불교계의 원로 스님이다. 저자에게 마지막 영감(靈感)을 줬다. "경상도의 정치 인해전술 시대는 끝났다"라고, 덧붙인다. 이후, 경상도+전라도가 융합(融合)하게 된다면, 대한민국의 비상이 예견(豫見)된다. 동북아시아의 최강 선진국가로 도약할 수 있다는 게 저자의 예단이다.

끝으로, 기자란 현실적으로 비판적인 글 감시적인 글을 써야 하므로 날카로운 필치를 지향했을 수 있다. 이 책의 글들은 그런 점에서 소설가, 시인, 수필가가 쓴 문장처럼 유려(流麗)하진 않다. 지금도 기자인 저자의 글 속에는 예언가인 양 예단(豫斷)한 부분도 더러 있다. 족집게 예언가처럼 적확하진 않을 수도 있다. 그러나 그러한 예단들은 엉뚱한 방향으로 빗나갈 수도 있다. 하지만, 어떤 형태로든 중간 과정에서 결과에 영향을 미치는 신선한 아이디어가 담겨 있을 수도 있다.

"경상도 정치 인해전술" 속에 들어 있는 저자의 모든 글은 "경상도 정치 인해전술"을 관통(貫通)하는. 그 공간에서 일어난 사건을 다룬 글들이라 할 수 있다. 아픈 내용도 많이 들어 있다. 정치적인 안목으로 볼 때 경상도 패권-그 속에서 일어난 일들이라 할 수 있다.

시대 변환(變換)에 따라, 수필(隨筆)이 통용되지 않는 시대이기도 하다. 수필이 읽히지 않는다. 철학적인 사고도 빈곤해졌다. 이런 시대에 기자가 쓴 비판이 담긴 수필, 또는 비판에 함께 하는 급수 낮은 철학적 질문이 함께하는 글로 읽어줘도 좋다는 생각이다. (참고로 이 글은 저자가 발행인으로 있는 브레이크뉴스에 게재된 칼럼들이다. 글들의 마지막 부분에 기재돼 있는 아라비아 숫자는 글이 매체에 게재된 연도-날짜이다.) moonilsuk@naver.com

| 차례 |

제2장 문재인 정부는 '평화의 정부'

제3장 우파의 조국–좌파의 조국?

제1장

한국의 최고위 정치인들이
최후로 갈 곳이 왜 감옥인가?

한국의 최고위 정치인들이 최후로 갈 곳이 왜 감옥인가?…"슬프도다, 대한민국!"

보수진영의 대통령이었던 이명박–박근혜, 두 전직 대통령은 현재 수감상태이다. 이들의 사면권을 쥐고 있는 문재인 대통령은 이들에 대한 사면권을 지금까지 행사하지 않았다. 야당 정치인들 가운데 일부는 문재인 대통령도 임기가 끝나면 감옥에 가야 한다고 주장하고 있는 실정이다.

2022년 3월 9일 차기 대통령 선거를 앞두고 여야 정치권은 당내 대통령 후보를 뽑기 위한 경선을 치르고 있다. 이런 가운데 후보들의 비리–부패 문제가 이슈화돼, 연관된 정치인들의 감옥행(監獄行)이 말해지고 있다.

설훈 의원은 지난 2021년 10월 7일 KBS 라디오와의 인터뷰에서 대장동 사건에 연루된 이재명 후보에 관한 발언을 하는 중 "구속 상황이 가상된다"는 주장을 폈다. 설훈 의원은 "상식적으로 볼 때 유동규(전 성남 도시개발공사 기획본부장)가 지금 배임 이유로 구속돼 있는데 그 위에 있는 시장(이 지사)이 (대장동 개발을) 설계했다고 본인 스스로 이야기를 했다"
고 강조하면서 "시장이 배임 혐의가 있을 가능성이 얼마든지 있는 사안
이어서 (당의) 위기, 이를테면 후보가 구속되는 상황에 왔다고 가상할 수
있단 말"이라고 언급했다.

여기에 그치지 않고 "(이재명 후보의 구속)을 가상할 수 있다면 거기
에 대해서 유권자들이 판단할 수 있게끔 (지도부가) 장을 만들어줘야
할 것 아니냐?"고 문제를 제기하고 "만일 사안이 그렇게까지 된다면 복
잡하기 짝이 없는 상황이 되고 민주당으로서는 절체절명의 위기가 되
는 것이고, 재집권하는데 결정적으로 이게 문제가 생기게 되는 것"이라
고 내다봤다. 이재명 후보가 감옥에 가는 '가상(假想)을 할 수 있다'는 것
이다.

여당 당내 대통령 예비후보인 이재명 경기도지사를 향해 "감옥에 갈
것"이라는 악담(惡談)도 제기됐다.

지난 2021년 10월 7일, CBS 라디오의 '한판승부'에 출연한 원희룡
국민의힘 당내 대선 예비후보는 "이재명을 감옥으로 보내는 싸움을 제
가 주도를 할 거기 때문에 이재명을 청와대가 아니라 잠깐 스톱, 당신
은 다른 데로 가야 돼 해서 보내는 1번 타자"라고 언급하면서 "감옥으
로 보내는 거야 검찰이 보낼 수 있다. 그런데 저는 그 길을 안내하겠다
는 거다. 이미 배임의 공범은 벗어날 수 없다고 본다"고 말했다.

더불어민주당 대선 예비후보인 박용진 의원도 지난 2021년 10월 7
일 CBS 라디오 한판승부 〈CBS 라디오 한판승부 보도 제목=박용진 "대
장동, 이재명이 책임질 상황 오면 민주당도 폭망(爆亡)"〉에 출연했다. 그
는 이 방송에서 "저는 이 사건의 아주 완벽한 규정을 하기는 아직 이르

다고 봐요. 그래서 관련자들 싹 다 잡아들여야 한다고 하는 게 제 기본 원칙이고. 검찰의 수사요? 제가 볼 때는 또 미적미적 지금 이러거든요. 아주 검찰이 제일 못돼먹은 태도. 보이는 대로 수사하는 게 아니라 보고 싶은 것만 보고 수사하는. 그런 태도로 가면 안 돼요. 아니, 핸드폰 하나 압수수색 못 했다고 하는 게 이게 대한민국 검찰 수준이 이게 뭡니까, 이게?"라면서 "후진국의 어디 수사 당국도 아니고요. 검찰 이렇게 가면 야당이 요구하는 대로 특검으로 몰려간다니까요. 그러니까 그렇게 해서는 안 되고 저는 검찰이 그야말로 부패 세력 발본색원하고 온갖 비리 일망타진 이렇게 16글자로 딱 정리하고 가야 된다고 보고 있고. 여기에 여야가 어디 있습니까? 여기에 지위 고하가 어디 있어요? 제가 늘 수서 비리하고 비교하는데요. 수서 비리도 최종적으로 청와대 수석도 구속시키고 야당 의원들도 싹 다 잡아들였어요. 그러니까 이렇게 대충 끝날 문제 아닙니다. 국민의 분노는 수서 때보다 더 커요. 저는 제가 수서 비리로 처음 데모 나갔던 대학생인데 너무 열 받았거든요. 수서 비리 때 어떤 일이 있었는지 국민들 기억하실 거예요"라고 피력했다. 이어 "어쨌든 대장동 문제를 보면서 마음 편하고 즐거운 사람이 있으면 안 된다고 생각한다. 제가 이게 호재인가 악재인가? 묻는 방송 토론의 질문에 이걸 어떻게 호재라고 얘기할 수가 있냐. 저는 이거 악재다. 우리 모두에게 악재다, 여야 모두에게 악재다, 이렇게 얘기를 했는데 저는 지금도 그 생각이 변함이 없다"고 덧붙였다. 〈CBS 라디오 한 판승부 보도 제목=박용진 "대장동, 이재명이 책임질 상황이 오면 민주당도 폭망"〉

이런 험악한 정치 분위기 속에서, 그럼에도 불구하고, 진중권 교수는

"이재명으로 대세(大勢)가 굳어진 것 같다〈진중권 '민주당 경선, 대세 변화 없다… 결국 이재명〉(2021년 10월 7일 CBS 라디오 〈한판승부〉)'"라고 분석했다. 결국, 이재명 후보가 여당의 대통령 후보가 됐다.

전직 대통령이 두 명이나 옥중에 수감되어 있고, 현직 대통령도 임기를 마치면 감옥에 갈 수 있다는 예단이 줄기차게 나오는 나라, 여기에다가 차기 대선의 유력 후보에게조차 "감옥에 갈 것"이라는 말들을 서슴없이 말하는 나라. 그 원인은 대한민국이 법치주의 국가이기 때문일 것이다. 더불어민주당 이재명 대통령 후보에게도 법치주의가 적용되고 있고, 비리와 연루되어 있어 법망을 쉽사리 빠져나오기가 어려운 입장이다. 왜 그럴까? 왜 이런 나라가 됐을까? 고위층 인사들 다수가 비리(非理)-부패(腐敗)와 손을 잡고 있었다는 이야기인 셈이다. 한국의 최고위 정치인들이 최후로 갈 곳이 어찌하여 감옥이란 말인가?…"슬프도다, 대한민국!"

〈2021/09/08〉

불량(不良) 대통령 후보를 찾아내 대선 전에 폐기처분해야…

서울시 중구 중림동에는 '더 하우스 1932 카페'가 있다. 대표는 성민제 교수. 그는 최근 페이스북에 "친구에게 들려주는 커피 이야기"라는 글을 연재하고 있다. '더 하우스 1932 카페'는 아름다운 카페이다. 저자는 "영혼을 빼앗길만한 카페"라고 평한 바 있다.

성민제 대표는 이 글에서 맛있는 한 잔의 커피가 어떻게 만들어지는지를 자상하게 소개하고 있다. 이 중 한 글을 길게 인용하는데, 그 이유는 커피 한 잔 만들기와 국가의 미래를 경영할 최고 정치지도자의 선출을 이야기하기 위함이다.

"커피는 과학이다. 친구들은 관심 없을 수도 있는데, 커피의 향과 맛은 로스팅에서 만들어지니 아주 중요한 과정이야. 오늘은 로스팅 이야기를 해줄게. 쌀로 밥을 지을 때 전기밥솥에 물을 적당히 계량하고 자동으로 밥이 되잖니…커피도 생두를 넣으면 로스터기가 자동으로 알아서 볶아주면 얼마나 좋아…이 세상에 그런 로스터기는 없단다. 생두가 열을 받아 가수분해와 화학반응을 통해 바람직한 향미를 내는 것은 결코 우연이 아니라 과학적 프로세스에 의한 결과란다. 그런데 그 답을 이론에 입각한 분석적 방법으로 찾을 수 있는 것이 아니라 이론을 바탕으로 여러 시행착오와 고민을 통해 찾을 수 있기 때문에 어려운 거지… ▲커피 생두 밀도와 수분 함량에 따라 열을 받아들이는 속도가 다르기 때문에 밀도가 얼마나 높은지를 계량해. 리터에 700g이 넘으면 밀도가 높은 편에 속해. ▲수분 측정기로 수분 함량의 정도를 측정하게 돼. 10~12% 정도 수분 함량이면 신선한 생두라고 볼 수 있어. ▲결점두를 손으로 가려낸다. 사진은 내 손이야. ㅋㅋ. 커피 한 잔에 원두 몇 알이 들어가나… 브라질 원두를 세어보니…10g에 75알 정도가 포함되더라고. 그중 한 개라도 불량두가 있으면 떫다든지 이상한 맛이 나게 되는 거지…한 잔이라도 깔끔하게 만들려는 정성으로 불량두를 찾아낸단다. ▲생두가 로스터기에 투입되고 열을 흡수하게 되면서 수분이 적절하게 다 날아가야 H_2O가 가수분해되며 화학반응이 제대로 일어나서 셀룰로스가 당으로 분해되고 단백질을 구성하는 아미노산과 결합하는 마이야르 반응이 150도 정도부터 진행되고 단맛의 복합성을 더해주는 캬라멜라화가 진행되게 돼. 이 부분이 너무 빨라도 안 되고 너무 느려도 맛이 제대로 발현이 안 돼…. 그리고 언제 로스팅을 끝내는가의 결정도 어려운 문제고…자동으로 절대 할 수 없는 어려운 부분이야…열을 어떻게 생두의 속까지 전달하는지… 전도열과 대류열의 전달과정을 이해해야 해. ▲로스팅이 끝나는 온도가 210도 안팎이 되는데…배출하자마자 더이상의 화학반응이 일어나지 않도록 신속한 냉각이 필수야. 얼마나 다크하게 로스팅되었는지…아그트론 기준의 색도계로 측정을 한단다… 음… 이 콩은 69.7 정도…밝게 로스팅되었군… ▲가스가 좀 빠져나간 후 8시간이 지나고 스페셜티 협회가 정한 룰에 따라 커핑이라는 시음으로 로스팅이 어느 정도 잘 되었는지 평가한단다. 7. 다음엔 에스프레소 머신으로 추출을 하는데…통상의 스프라우트가 두 개 달린 더블 샷 바스켓을 사용하지 우리는 추출이 제대로 되는지 눈으로 확인이 쉬운 밑바닥이 없는 바텀리스 트리플 바스켓을 사용한단다. 물론 로스팅과 추출 전에 산지에서 농부들이 힘들여 경작을 하고 과육을 벗겨내고 처리하는 복잡한 과정이 이미 포함된 것이지…커피 아메리카노 한 잔을 친구들이 즐겁게 마시기까지 많은 노력이 있다는 거…커피뿐 아니라 뭔들 안 그렇겠니…만만치 않아… 커피를 아무나 만들 수 있기는 한데…맛있는 커피는 우연히 만들어지지 않는단다.(성민제, 페이스북 9월 2일자 '친구에게 들려주는 커피 이야기' 전문)*[이 글은 단순하게 맛있는 커피 만드는 방법을 다룬 글이다. 그런데 저자가 논리를 전개하는 과정에서 저자 의도로 인용, 그 방향이 달라질 수 있었음을 양해 바란다.–저자 주]

대한민국은 커피를 많이 소비하는 커피 선진국 중의 한 국가이다. 커피 선진국가에서 좋은 카페를 운용하는 대표는 맛있는 커피를 소비자에게 제공하기 위해 여러 노력을 기울인다. 위에서 언급했듯이 여러 과정을 거치게 된다. 맛있는 커피를 만들기 위한 조건이 잘 묘사돼 있다.

저자의 눈에 띄는 대목은 "결점두와 불량두"를 색출(찾아낸다)해낸다는 대목이다. 불량두–결점두는 원두가 부패돼 있거나 덜 숙성된 것들이다. 그런 불량두–결점두가 커피 맛을 완전히 달라지게 할 수 있다. 썩은 냄새가 진동할 수도 있다. 그러하니 사전에 그런 불량두–결점두를 찾아내서 폐기처분을 하는 것이다.

저자는 이 글을 읽으면서 커피 선진국 대한민국의 수준을 이해하게 됐다. 좋은 커피 한잔을 만들기 위해서도 불량두-결점두를 가려내는데, 대통령 선거에 나올 후보 가운데 불량두-결점두에 해당하는 수준 이하의 대통령 후보들을 찾아내서 폐기처분하는 일을 도모해야 하지 않을까? 세계 경제 10대 선진국에 진입한 대한민국은 국가의 최고 정치지도자인 대통령을 뽑을 때, 이러한 일들을 해야만 하지 않을까?

여당과 야당의 권리당원들은 당내 대통령 후보를 뽑는 경선을 치르고 있다. 한 카페의 대표가 원두에 섞인 불량두-결점두를 가려내듯이, 여당과 야당은 권리당원들은 불량두-결점두에 해당하는 불량(不良)한 대통령 후보들을 가려내야만 한다. 그래야 국가의 미래가 망하지 않을 것이다.

〈2021/09/03〉

여당-야당, 공해(公害) 정치인을 대선후보로 뽑으면 안 된다!

지구촌 시대, 환경의 공해(公害)가 국제적인 문제이다. 공해란 첫째 공기와 관련된, 대기 질(質)의 문제이다. 두 번째는 물과 관련된 수자원 공해의 문제이다. 물이 썩어가고 있는 것이다. 세 번째는 사람들이 버리는 쓰레기 공해가 있다. 생활 쓰레기가 공해로 등장했다. 지구촌 사람들은 이 3가지 공해와 지속적으로 씨름하고 있다.

그런데 우리나라의 경우 또 다른 큰 공해에 시달리고 있다. 정치인들이 공해로 등장한 것이다. 이명박-박근혜 두 전직 대통령이 왜 감옥에 수감돼 있을까? 온몸이 공해였기에 구속-수감 됐을 것이다.

이런 차원에서 오는 2022년 3월 9일 대통령 선거를 앞둔 여당과 야당은 대통령 후보 당내의 경선에서 공해 인물을 대선 후보로 뽑아서는 곤란하다.

공해(公害) 정치인들에게는 어떤 특징이 있을까? 공해 정치인은 지역감정 부추기기, 포퓰리즘을 남발해서 사회 혼란 일으키기, 사생활이 이상-야릇하게 복잡한 정치인, 비리에 연루된 정치인, 공적자금을 제 돈 쓰듯 하는 정치인 등을 의미할 수 있다.

공기-물-쓰레기 등의 공해는 사람을 병들게 하거나 종국에는 사람들을 죽이게 된다. 공해 정치인도 마찬가지일 수 있다. 공해 정치인이 대통령이 된다면, 그런 대통령이 이끄는 국가는 쇠퇴하거나 망(亡)하게 될 것이다.

여당이나 야당의 권리당원들은 표 행사를 통해 공해 정치인들을 솎아내야만 한다. 각 당의 권리당원들이 대통령 후보를 잘 못 뽑으면, 유권자들의 대선 후보 선택의 폭은 아주 좁아지게 된다. 정당(政黨)이 공해 인간을 대통령 후보로 뽑아놓으면, 유권자들은 후보를 만들 권한이 없어 전전긍긍(戰戰兢兢)할 것이다.

공해 정치인을 축출하는 것은 여당이나 야당이 당내 대통령 후보 경선에서 지지를 철회하는 것이 가장 바람직하다. 그러나 이게 안 먹히면 수사나 탄핵의 과정으로 축출할 수도 있을 것이다. 이미 고소된 사건을 철저하게 수사, 범죄혐의가 인정된다면 법적으로 응징할 수도 있다고 본다. 공해 정치인은 대통령 선거 이전에 철저하게 가려내야 한다.

2021년, 대한민국은 세계 10대 선진국 반열에 올랐다. 대선에서 선진국 수준에 맞는 능력이 있는 대선 후보가 출마해야 하고, 그런 후보가 차기 대통령에 당선되어 선진 대한민국을 이끌어 나아가야만 한다. 공해 대통령 후보의 퇴출이 답이다.

〈2021/08/29〉

불량품 대통령 후보는 국가를 망친다…
양질 후보를 뽑아야만 한다!

2022년 3월 9일 대통령 선거를 앞두고 여당과 야당들은 당내 대통령 후보를 뽑기 위한 경선을 치르고 있다. 차기 대통령을 잘 뽑아야 한다는 것을 국민들이 익히 알고 있는 사실이다. 여당과 야당에 속한 당원(黨員)들도 잘 알고 있을 터이다.

왜 잘 뽑아야 하는가? 이명박 전 대통령과 박근혜 전 대통령은 퇴임 이후 지금까지 수감생활을 하고 있다. 왜 감옥에서 갇혀있어야 하는가? 감옥은 몸을 가둬두는 곳이다. 식사 시간도 정해져 있고, 취침 시간도 정해져 있다. 그 흔한 스마트폰 한번 통화할 수 없다.

왜 전직 대통령 두 명이 갇혀있게 됐는가? 비리를 저질렀기 때문이다. 박근혜 전 대통령은 임기 말에 탄핵까지 당했다. 야당에서는 문재인 대통령도 퇴임하면 감옥에 갈지 모른다고 으름장을 놓고 있는 실정이다.

전직 대통령이 감옥에 가 있고 현 대통령까지도 감옥에 가야 한다는 과격한 주장이 나오는 현실에서 차기 대선이 준비되고 있다. 그런데 현재 대선을 위한 경선이 진행되는 과정을 보면 앞이 잘 안 보이는 깜깜이 선거 같다. 운전을 하는 중에 안개가 자욱하게 끼면, 앞이 잘 안 보여서 깜깜이 운전을 하게 된다. 앞이 안 보이게 된다.

두 전직 대통령이 수감됐다는 것을 생활 생산품에 비교하면, 권리당원들 또는 유권자들이 불량품(不良品) 대통령을 뽑았고, 그 불량품 대통령이 국가를 망쳤기 때문에 감옥에 수감됐다는 이야기일 것이다. 그렇기에, 다음 대통령을 뽑을 때는 바짝 신경을 써야만 한다.

여당이나 야당에서 불량품 대통령을 뽑아놓으면, 국가는 절반쯤 망하게 돼 있다. 그러하니 제발 불량품 대통령 후보를 뽑지 말고 양질(良質)의 대통령 후보를 뽑아줘야만 한다.

이명박-박근혜 전 대통령이 수감돼 있다는 것을 전제로 논리를 편다면, 그 두 전 대통령들은 누가 뽑아서 후보가 됐는가? 당(黨)에서 뽑은 대통령 후보였다. 그다음, 대통령 선거에서 유권자들이 선택했을 뿐이다. 이전의 과정을 보면, 여당이나 야당이 대통령 후보를 잘 뽑아야 한다는 교훈이 내재(內在)한다.

우리나라 정치판에는 정치의 논리가 있다. 국회의원을 지내고 당 대표를 지내고, 장관이나 총리직을 지내는 게 정치인이 성장하는 수순이었다. 그런데 국회의원 한 번도 안 해보고, 대통령을 해보겠다는 것은 정치의 과정이 생략된 처사(處事)라고 본다. 어려운 과정을 거치면서 정치를 연마해도 대통령 해내기가 쉬운 일만은 아닐 것이다. 이런 취지에서 불량품 대선후보를 뽑아서는 안 된다는 점을 지적하는 것이다.

그러하니, 여당이나 야당들은 당내의 대통령 후보를 뽑는 경선을 잘

해야만 한다. 불량품 대선후보를 뽑아놓게 되면 국가를 망치는 일임을 알아야만 한다.

오랜 기간 국가를 발전시켰던 정치 질서를 파괴하고, 도덕성에 문제가 많은 이를 후보로 뽑아놓으면 국가에 큰 죄악(罪惡)을 끼치는 일이다. 정확하지도 않은 여론조사에 매몰되어서도 곤란하다.

당내 대선 후보는 권리당원들이 주체가 되어 뽑게 된다. 그래서 권리당원, 즉 당심(黨心)은 착해야 하고 깨끗해야만 한다. 당심(黨心)이 불량품 후보가 누군지를 잘 갈라내야만 한다. 이길 만이 대한민국의 미래가 사는 길이다. 바른 당심(黨心)이 뽑은 대통령 후보가 차기 대선에서 승리하기를 기대한다. '[격문(檄文)] 불량품 대통령 후보 완전 퇴출!'

〈2021/08/27〉

화투판 용어 '초장 끗발은 개 끗발'…
이번 대선(大選)에 적용되나?

사람들 가운데 심심풀이로 화투를 즐기는 이들이 있다. 화투판에는 "초장 끗발 개 끗발"이라는 용어가 있다. 화투판에서 승자는 결코 초반엔 나오지 않는다. 화투판이 거의 끝나갈 무렵, 승자가 나온다.

그런데 이번 대선에서도 화투판 용어대로 "초장 끗발 개 끗발"이란, 화투판 상황(狀況) 논리가 적용될 수 있을까?

여당이나 야당의 전당대회에서 자당의 후보를 뽑는 과정에서 초반의 지지율과 상관없는 결과가 나온 경우가 많았다. 한 예를 든다.

박정희 정권 말기였다. 유신체제 때 치러진 야당 전당대회의 결과이다. 지난 1970년 9월 29일, 신민당 전당대회가 열렸다. 이때 김대중이 신민당의 1971년 대통령 선거 당내 후보로 뽑혔다. 1차 투표 결과는 총 재적 대의원 885명이 경선 투표에 참여한다. 결과를 보면 김영삼 421표, 김대중 382표, 무효 82표였다. 이철승계가 무효표를 던져 과반 득표자가 없게 됐다. 그래서 2차 투표로 넘어갔다. 1차 투표에서는 김영삼이 421표를 얻어 382표를 얻은 김대중을 앞섰다. 그러나 이어 진행된 2차 결선 투표에서 김대중이 458표를 얻어 410표를 얻은 김영삼을 따돌렸다. 이 전당대회를 화투판에 비유하면, 당시 김영삼은 '초장 끗발 개 끗발'이었다.

오는 2022년 3월 9일 대선을 앞두고, 여당과 야당 공히 당내 대선후보를 뽑는 경선을 진행하고 있다. 매주 대선후보 여론조사가 진행되고 있다. 후보별 지지율 조사에서 현재 앞서고 있는 여야 예비후보들이 당내의 대선 후보가 될 수 있을까? 전례와 현재 선거의 혼탁 사실을 대비해보면, 그런 보장은 거의 없어 보인다.

우선 차기 대선을 앞두고 선거운동을 하는 후보들 가운데 여론조사상 앞서는 후보들의 경우, 정치 신인(新人)이 많다는 사실이다. 국회의원한 번도 해보지 않은 신출내기 정치 후보들이 설치고 있어서이다. 정치인(政治人)이란 칭호를 붙여주기도 아리송한 '애송이들'이다. 그러한 이들이게 지지율이 높다는 이유만으로 추종하는 국회의원들은 또 무엇을하려는 정치인들일까?

현재 대선후보 여론조사 상에서 앞서고 있는 후보들 가운데 국가경영 능력이 함양되지 않은 후보들의 경우, 당내 대선 후보 선거에서 낙선(落選)하는 것은 국가의 미래를 위해 합당한 일일 수 있다. 국회의원, 당 대표, 장관, 총리 등을 역임한 이들에게 먼저 집권할 기회를 주고, 경험을 축적한 이후에 대권에 도전해도 늦지 않다고 본다. 경험이 부족하고, 법적인 비리가 연루돼 있거나, 사생활이 복잡한 소수(小數)가 대선전에서 설치는 바람에 대한민국의 정치가 혼탁해진 게 사실이다. 미꾸라지처럼 정치의 물을 혼탁하게 하는, 몇몇 정치판을 소란스럽게 하는,

국격(國格)을 떨어뜨리게 하는 장본인들이 가까운 시일 내에 화투판에서 쓰는 용어인 "초장 끗발 개 끗발" 형태로 정리되리라 예상한다.

태풍(颱風)은 왜 부는가? 지구상의 모든 공기 질을 좋아지게 한다. 장마는 왜 있는가? 깊은 곳까지 뿌린 내린 식물들을 살아남게 함이다. 태풍과 장마가 지구를 청정하게 하고, 새로운 기운을 전해주듯이, 이후 한국 정치판에 태풍 상륙이 예견(豫見)된다. 여당과 야당에 속한 당원들이 정치를 혼란스럽게 하는 이들을, 전당대회에서 일격에 쓸어버려야 한다. 그게 정치의 대도(大道)다. 세계 10대 경제 대국-선진국에 진입한 국운(國運)을 믿는다.

〈2021/08/25〉

한국 권력 재집권이냐, 수평적 정권교체냐?

차기 대통령 선거는 2022년 3월 9일 치러진다. 지금은 여당과 야당이 차기 당내 대통령 후보를 뽑는 경선이 펼쳐지고 있다. 상대의 약점을 찾아내 그 약점을 빨가벗기는 네거티브(부정적 선거전) 선거전 양상으로 진행되는 양상이다. 물론 여당은 네거티브를 하지 않기로 했으나 상대 후보를 격퇴 시키는데 네거티브보다 확실한 게 없어 일시적인 봉합일 수도 있다.

그러나 선거전의 대세는 여당에겐 재집권하느냐, 즉 문재인 정권이 이어지느냐는 것이다. 야당에게는 잃어버렸던 권력을 되찾아오는 '수평적 정권교체'에 있다.

그러하니 정치권의 최대 이슈는 '문재인 정권의 재집권'-'수평적 정권교체'가 핫이슈인 셈이다.

미국의 대통령 임기는 4년이며, 대체로 두 번 연임하는 게 관례였다. 지난 2020년 11월 3일 미국 대선에서는 트럼프 대통령의 연임이 좌절됐다. 단회(單回)로 끝났다. 민주당의 조 바이든이 승리하는 이 현상이 일어났다.

　한국의 제1야당인 국민의힘은 미국의 지난 대선처럼 문재인 정권의 재집권이 실패하기를 바라고 있다. 민심(民心)도 부동산 정책의 실패 등으로 수평적 정권교체에로 기운 듯한 여론이다.

　이런 가운데 여당인 더불어민주당은 당내 후보 경선전 초반에 국회의원도 해보지 않은 이재명 경기지사의 부상으로 혼전(混戰) 양상을 겪고 있다. 총리를 지낸 정세균-이낙연 등 중후한 정치 경력인들의 지지도가 열세에 빠져 과연 대선 본선에서 승리할 수 있을지 우려하고 있는 것. 만약, 이재명 경기지사가 더불어민주당 대선후보가 된다 해도 이미 탈(脫) 민주당화한 성난 민심의 파고를 넘을지, 우려하는 목소리가 많아진 게 사실이다. 더불어민주당의 집권이 미국 공화당(트럼프 정권)처럼 단회 집권으로 끝나지 않도록 하는데 당심(黨心)을 집중하고 있다.

　문재인 대통령의 퇴임 이후 걱정도 한몫하고 있다. 문재인 정권 중 보수 정권은 대통령이었던 박근혜-이명박 전 대통령이 수감상태에 있어 왔다. 그래서 만약 권력을 빼앗기면 문재인 대통령 퇴임 이후의 안위(安危)가 걱정될 수 있다는 것. 여권-청와대 내부에서는 어떤 일이 있더라도 재집권을 성취해야 한다는 요구가 비등해 있는 상태이다.

　반면에 국민의힘은 수평적 정권교체에 당력을 쏟고 있다. 윤석열-장성민 등 당외 인사들의 입당을 서둘러 마감했다. 인재 영입을 통한 빅텐트(big tent)를 마무리하고 당내 대통령 후보를 뽑는 경선에 들어갔다. 똘똘 뭉치면 수평적 정권교체를 이룩할 수 있다고 보고 있는 듯하다.

　이후의 대한민국 정국의 향방(向方)은 문재인 정권의 재집권이냐, 아니면 야당의 수평적 정권교체이냐로 압축된다고 하겠다. 2022년 3월 대통령 선거에서 진보-보수 어느 쪽이 승리하든 현대 한국 정치사의 큰 변곡점(變曲點)이 될 것이다.

〈2021/08/12〉

왜, 경상도-전라도 지역싸움 상처에 또다시 소금을 뿌리는가?

나뉘고 또는 헤어지는 일은 슬픈 일이다. 남북이 나뉘었다. 이로 인해 이산가족이 생겼다. 가족이 헤어져 살아야만 했다. 남한과 북한이 38선으로 갈려 3년간, 피비린내 나는 전쟁을 치렀다. 그 후 남한과 북한은 분단의 세월을 살았다. 분단된 민족, 그것도 서러운데 남한에서도 지역 간 정치 감정이 격화돼, 경상도와 전라도 끼리 분열되어 감정싸움을 해왔다. 1980년 5·18 광주민주화운동이 분수령이 됐다.

오는 2022년 3월 9일 대통령 선거를 앞두고 남남갈등(南南葛藤), 경상도와 전라도 간 싸움이 재발(再發)됐다. 더불어민주당 차기 대선 당내 후보인 이낙연-이재명이 당내 경선을 하는 과정에서 '백제 논쟁'이 발발, 영호남 지역논쟁이 불붙었다. 왜, 경상도-전라도 지역싸움 상처에 또다시 소금을 뿌리는가?

이재명 후보가 발언한, 호남 출신이 대통령 되기 어렵다, 5천 년 역사가 증명한다는 유(類)의 발언이 발단이 됐다. 후보 간 지지고 볶는 일이 반복되고 있는 것이다.

이에 대해 김종민 의원(논산 계룡 논산)의 발언이 눈에 띈다. 김종민 의원(더불어민주당 최고위원-서울대학교에서 인문대 국문학과 전공)은 지난 2021년 7월 25일 페이스북에 올린 글에서 "의도가 선의라고 하는 건 알겠습니다. 이재명 후보가 지역주의를 조장했거나, 지역주의를 이용했다고 공격할 일은 아닙니다. 과도한 공격은 그만해야 합니다. 한때 이낙연 후보의 역사적 승리를 바라는 마음이 진심이었다는 것도 알겠습니다. 의도는 알겠습니다. 그러나 문제는 의도가 아닙니다. 저는 그 인식과 논리에 대해 문제를 제기합니다"면서 "다시 한번 인터뷰를 읽어봤습니다. 요지는 이렇습니다. ▲호남 출신은 대통령 되기 어렵다. 5천 년 역사가 증명한다. ▲그럼에도 불구하고 이를 극복하고 호남 출신 대통령이 나오는 건 좋은 거니까 한때 이낙연 지지율이 높을 때는 밀어주려고 했다. 근데 지지율 빠지는 거 보니 역시 안 되겠다. ▲그래서 (호남 출신도 아니고) 실력 있는 이재명이 경쟁력이 있다. '호남 출신이 대통령 되기 어렵다, 5천 년 역사가 증명한다.' 이게 사실인지, 맞는 얘긴지, 사실 여부를 떠나 민주당 정치인이 이런 얘기를 공개적으로 주장하는 게 맞는 일인지, 이 얘기를 해보려고 합니다"라고 강조하면서, 이 논쟁에 끼어들었다.

김종민 의원이 쓴 글을 가감 없이 전달한다는 의미에서 길게 인용(아래)해 봅니다.

"호남 출신은 대통령 되기 어렵다는 인식, 사실이 아닙니다. ▲오래 전부터 호남을 정치적으로 고립시키려는 망국적 심리전의 논리일 뿐입니다. ▲역사적으로도 사실이 아닙니다. 백제를 뿌리로 집권에 성공한 적이 없다고 주장합니다. 사실이 아닙니다. 역사적으로 어떤 나라도, 어떤 정권도 지역을 기반으로 한반도를 통합하거나 집권한 적이 없습니다. 오직 박정희 전두환 군사정권만이 5천 년 역사에서 유일하게 지역 패권을 추구했을 뿐입니다. ▲인구수 때문에 호남이 어렵다는 현실론도 이제는 낡은 얘기입니다. 유권자 의식이 많이 높아졌습니다, 세대 구성을 보면 지역주의에서 벗어난 세대가 다수입니다. 특히 수도권은 지역주의 성향에서 많이 벗어났습니다. ▲호남 출신은 대통령 되기 어렵다? 틀렸습니다. 세상이 바뀌었습니다. 이제는 호남 출신도 대통령 될 수 있습니다. 사람만 좋으면 충분히 될 수 있습니다. 사실도 아니지만, 위험한 논리입니다. ▲호남 출신은 대통령 되기 어렵다는 논리가 위험한 이유는, 그게 선거판 논리에만 그치는 게 아니기 때문입니다. '호남 출신은 믿을 수 없다, 호남 출신은 함부로 뽑으면 안 된다, 호남 출신은 어떻다.' 지난 수십 년 사실을 왜곡한 이 망국적 지역 차별 논리 때문에 도대체 얼마나 많은 사람들이 상처를 입고 분노했습니까. 그 논리가 이제는 점점 희미해지고 낡은 퇴물이 되고 있습니다. 그런 마당에 정치권에서 호남은 어렵다는 논리를 다시 꺼낸 건 정말 잘못입니다. ▲의도가 그런 의도가 아닌 건 알겠습니다. 그러나 그런 인식을 이렇게 떳떳하게 주장하는 건 위험한 일입니다. 다른 사람은 몰라도 적어도 민주당 정치인이 그런 얘기를 공개적으로 하는 건 안 될 일입니다. ▲한때 술자리에서 호남 출신은 대통령 되기 어렵다는 얘기를 하는 사람들이 많이 있었습니다. 그러나 이제는 이런 낡은 생각을 하는 사람도 많이 없어졌습니다. ▲더구나 민주당의 정치인이 공개적으로 이런 얘기를 한다는 건 심각한 문제입니다. 민주당의 길이 아닙니다. 김대중-노무현-문재인의 길이 아닙니다. 그동안 민주당은 그런 생각과 싸워온

거 아닙니까. '호남 출신, 충청 출신, 영남 출신 누구나 사람만 좋으면 대통령 될 수 있다, 민주당은 그런 나라 만들겠다,' 이것 때문에 수십 년 간 김대중-노무현-문재인이, 우리 민주당 당원들이 싸워온 거 아닙니까. '호남 출신은 대통령 되기 어렵다. 오천 년 역사가 증명한다.' 이 인식은 사실도 아니고, 역사의 수레바퀴를 거꾸로 돌리는 잘못된 생각입니다."

호남 출신이든, 경상도 출신이든, 수도권 출신이든…대한민국 사람이라면 헌법에 위배되는 사항이 없다면, 그 누구든지 대통령이 후보로 활약할 수 있다. 그런 나라가 대한민국이다. 그런데 최근 한 후보가 '호남 출신 배제론'을 언급함으로써 얼마의 이득(利得)이 돌아왔을까? 더불어민주당의 대선후보가 이 발언을 하기 전에 치밀하게 계산을 한 연후에야 발언을 했을까? 대한민국, 민도(民度)가 높아져 과거와 같이 지역감정을 유발시키는 발언으로 이익을 보기는 어렵다고 생각한다.

김종민 의원은 "'호남 출신은 대통령 되기 어렵다, 오천 년 역사가 증명한다.', 이 인식은 사실도 아니고, 역사의 수레바퀴를 거꾸로 돌리는 잘못된 생각"이라고 나무라고 있다. 저자도 그의 주장에 전적으로 동감(同感)한다.

삼국시대, 신라가 외세를 끌어들여 통일을 했다는 옛 역사를 그대로 믿는다 해도, 이 역사는 창피한 역사다. 경상도 대 전라도 간의 지역감정 관련 발언을 '낡은 생각'으로 치부해서 이를 꾸짖는, 더불어민주당 내에 김종민 의원 같은 깨인 의원이 있다는 건, 더불어민주당 내에도 보물(寶物) 의원이 있다는 증거다. 이런 의원들의 득세 시대를 기대한다.

〈2021/08/02〉

역대 대통령은 마지막에 '의외의 인물이 등장' 대권(大權)을 차지했다?

한국 사회에서는, 대통령은 '하늘이 낸다'는 말이 회자(膾炙 : 칭찬을 받으며 사람의 입에 자주 오르내리게 되다)돼 왔다. 여기에서 '하늘'은 아마 높은 곳, 깨끗한 곳, 이 세상을 있게 한 창조자가 있는 곳을 의미한다고 본다.

그런데 한국 현대 정치사에서 보면 역대 대통령들은 초기 민심이 떠오르게 했던 인물이 아닌, 의외(意外)의 인물이 차지했다는 것을 알 수 있다. 왜 그랬을까?

해방 직후, 국가의 최고 지도감으로 상해 임시정부 주석이었던 김구가 떠올랐다. 그러나 미국에서 돌아온 이승만이 차지했다. 이승만 정권이 부정부패로 몰락한 직후, 민주당의 장면 총리나 윤보선 대통령이 떠올랐다. 이들은 과도기에 떠오른 정치 인물이었다. 1961년 5·16 군사 쿠데타를 통해 군인들이 득세, 박정희 대통령이 탄생했다.

1979년 박정희가 암살된 직후 1980년 정치의 봄이 왔다. 김영삼, 김대중-김종필, 3김 시대가 열리는 듯했다. 그러나 1979년 12·12 군사쿠데타와 1980년 5·18 광주 민주화 운동의 과정을 거치면서 장군 출신인 전두환 대통령 시대가 열렸다.

1987년 대통령 선거에서는 김영삼-김대중-김종필이 출마, 문민 시대가 예약되었으나 장군 출신인 노태우 시대로까지 이어졌다. 당시, 김영삼-김대중 양 김의 분열을 안타까워했다. 1992년 대선은 노태우-김영삼-김종필이 이끄는 3당이 합당한 이후의 대선이어서, 김영삼이 대통령 자리를 차지했다.

1997년 대선은 김영삼 정권의 감사원장 출신인 이회창이 선전(善戰)했으나 김대중에게로 넘어갔다. 김대중 이후의 지도자로 한화갑 등이 떠올랐으나 PK 출신인 노무현이 대권(大權)을 거머쥐었다.

노무현 이후는 박정희 전 대통령의 딸인 박근혜의 약진이 검증됐으나 종국에는 이명박에게로 대세가 기울었다. 2017년 촛불혁명이 일어났다. 그해 3월 10일 박근혜가 탄핵당한 이후 문재인 대통령(현재)에게로 권력이 넘어갔다.

한국 현대 정치사를 보면, 대선 초반전에 뜨던 정치 인물이 아닌, 의외의 인물이 대권을 차지했다는 것을 알 수 있다.

역대 대통령들의 면면을 보면, 미국 유학생 출신, 장군, 민주투사, 경제인, 여성, 변호사 출신 등이었다. 이후는 어떤 정치인이 한국 최고의 권부를 이끌어 갈까? 현재로선 정부에서 근무했던 국무총리, 장관, 검찰총장, 감사원장 등의 관료 출신이나, 지방자치단체의 수장 등이 물망에 오르고 있다.

차기 대선은 2022년 3월 9일 치러진다. 과거 대통령 선거에서 의외의 인물들이 득세(得勢)했듯이, 과연 차기 대통령 선거에서도 그와 같은 현상이 일어날 수 있을까?

2021년 11월, 윤석열 전 검찰총장-홍준표 의원-이재명 경기도지사 등이 차기 대통령 상위 순위로 뜨고 있다. 이들 가운데 차기 대통령이 있을까? 궁금하기도 하다.

대한민국은 민주주의가 발전한 나라로 꼽힌다. 민중의 투쟁결과, 30년에 걸친 길었던 군사쿠데타 정부가 마감됐다. 다시는 박정희-전두환-노태우 같은 장군들에 의한 군사쿠데타 시대는 열리지 않을 것이다.

국민의 선출에 의한 지도자 출현만이 가능한 국가가 됐다. 대한민국은 동북아시아의 최고 민주주의 국가로 성장한 나라이다. 차기 대통령 선거에서 당선될 인물의 의외성(意外性)은 어디까지일까? 대통령, 아무나 됩니까! 그렇죠? 대통령은 하늘이 낸다는데….

〈2021/07/05〉

한국 최대 권력자 대통령… 어떤 정치인이 '대통령 마약 주사'를 맞았나?

미국 같은 선진국에서도 마약(痲藥)은 은밀하게 유통된다. 일반적으로 마약은 중독성(中毒性)이 있다. 마약을 스스로 투약하면 환상에 빠진다. 마약과 권력을 비교해보려 한다.

대한민국 헌법은 대통령중심제여서 대통령에게 막강한 권력이 부여돼 있다. 대통령이 근무하는 청와대는 최고 권부(權府)다. 대한민국 국민으로서 대통령 피선거권에 합당하다면, 누구나 대통령 자리를 넘볼 수 있다. 대통령 선거에 출마, 국민의 심판을 받아볼 수 있는 국가이다.

그런데 대통령 선거가 1년여 내로 가까워지면 여론몰이가 시작된다. 대통령 선거를 앞두고 여론몰이에서 부상했던 정치인들이 있었다. 한때 고건, 박찬종, 이회창, 이인제, 안철수, 반기문… 이런 분들의 인기는 아주 높았었다. 이분들의 인기가 치솟았을 때, 그분들이 청와대를 접수하는 듯, 맹렬한 기세였다. 그러나 종국에는 거품이었다. 지금 그분들을, 그때처럼 생각하는 국민들은 아예 없다. 세월이 할퀴고 갔다. 그분들은 결과적으로 국가의 최고 권좌에까진 이르지를 못했다.

누가 이 흐름을 좌지우지하는 것일까? 여론조사 기관들일까? 아니면 보이지 않는 막강한 권부의 그림자 세력일까? 정치권의 실핏줄 같은 조직일까? 현직 대통령의 레임덕을 막기 위한 고도(高度)의 술수일 수도 있다.

2022년 3월 9일 대통령 선거를 앞두고 '대통령 마약 주사'를 맞은 듯한, 정치인들의 활동이 시작되면서 정치권이 출렁거리고 있다.

가을 하늘. 청명한 하늘엔 가끔 아름다운 구름이 나타난다. 그 구름이 아무리 아름다워도 영원히 머물지는 않는다. 구름일 뿐이다. 마찬가지로 대통령 선거가 1년여 전으로 가까이 오면, 당내 대통령 후보 경선전이 시작될 때쯤이면 예상치 않는 인물들이 출현한다.

요즘 뜨는 대표적 인물로는 이재명 경기도지사, 윤석열 전 검찰총장 등이다. 이들은 뜬구름처럼 떠올랐다. 이들 이전에 떴던 인물군(人物群)을 보면 이들의 갈 길이 어디인지 눈에 보일 수도 있다.

국가권력은 거대하다. 뜬구름 같은 인물들이 그 거대한 국가권력을 쉽게 접수할 수 있을 정도로 국가권력이 헤플까? 절대로, 그러하지 않다고 본다. 스스로 '대통령 마약 주사'를 맞은 것처럼 지도자를 자처하는 인물이 있다고 치자. 마약은 마약일 뿐이다. 마약 기운은 자신이 자신을 속일 수 있지만 모든 국민을 속일 수는 없게 돼 있다.

이쯤 해서, '대통령 마약 주사'를 맞은 것처럼 정치적으로 소란을 떨며 행동하는 일부 정치인이거나 이 대열에 끼려 하는 인물들이 있다면, 겸손해질 필요가 있음을 지적한다. 전두환-노태우 전 대통령은 군부 쿠데타를 일으켰던 장군 출신들이다. 그들은 이미 수감생활-감방

생활을 거쳤다. 그들의 구속-수감은 군사쿠데타 세력의 초라함을 증거했었다. 그뿐인가? 이명박-박근혜, 전 대통령은 수감 중에 있다. 문재인 대통령. "임기가 끝난 이후 보자"는 정치세력도 있다. 그런데도 대통령 자리가 만만한지? 뜬구름 같은 인물들이 그 자리를 넘보고 있다.

권력 중독이란 마약 중독에 버금가는 모양이다. 거대해진 국가를 이끌 국가의 재목(材木)이 되기 위해서, 대책 없이 설쳐대는 것은, 참으로 곤란한 일이다. 내공(內攻 : 오랜 기간의 경험을 통해 쌓은 능력)을 키워야 한다. 국회의원이나 장관직 등을 수행해보는, 의회-행정부에서의 경험을 축적하는 수순이 뒤따라야 한다. 웅대해질 대한민국을 위해 무게 있는 인물의 부상(浮上)을 기다리노니….

〈2021/06/10〉

"1억 원 현상금을 걸 테니, 차기 대선후보 사생활을 제보해 달라"…광고를 낸다면?

저자는 언론사 발행인-오너이다. 시사 주간신문인 '주간현대'와 '사건의 내막' 인터넷 신문인 '브레이크뉴스(www. breaknews.com)'를 소유하고 있다. 3개의 신문을 가지고 있는 언론사 오너로서의 저자가 "1억 원 현상금을 걸 테니, 차기 대선후보 사생활을 제보해 달라"는 광고를 냈다고 치자, 그리고 제보가 접수되어 그 인물과 관련한 정보를 기사화(폭로) 했다고 치자, 그 이후에 어떻게 될까? 아마도, 그 보도 이후 교도소로 직행(直行)할 것이다.

그 이유는 형사소송법 내의 명예 훼손법에 저촉되기 때문이다.

미국의 경우, 민사 부분에만 명예 훼손법이 있다. 우리나라 형법 제307조(명예훼손)에는 "① 공연히 사실을 적시하여 사람의 명예를 훼손한 자는 2년 이하의 징역이나 금고 또는 500만 원 이하의 벌금에 처한다. ② 공연히 허위의 사실을 적시하여 사람의 명예를 훼손한 자는 5년 이하의 징역, 10년 이하의 자격정지 또는 1천만 원 이하의 벌금에 처한다"고 돼 있다. 민법상 명예훼손 조항도 있다. 민법 제 750조 「민사손해배상의 청구」에 의해 위자료를 청구할 수 있게 돼 있다. 이 조항에는 불법행위에 대한 일반적 원칙으로서 "고의 또는 과실로 인한 위법행위로 타인에게 손해를 가한 자는 그 손해를 배상할 책임이 있다"고 규정돼 있다. 이 법에는 "공연히 허위의 사실을 적시하여 사람의 명예를 훼손한 자는 5년 이하의 징역"이라고 규정하고 있다.

지난 2월 10일, 미국의 '허슬러(Hustler)'라는 성인 잡지의 발행자 래리 플린트(Larry Claxton Flynt Jr. 1942~2021)가 사망, 그의 행적이 이슈화됐다. 지난 1998년 12월, 미국 하원이 클린턴 미 대통령을 탄핵하려 할 때 허슬러 발행인 래리 플린트가 돌연 나타났다. 그는 우리나라 돈 1억 원 가량의 현상금을 내걸고 "클린턴 같은 훌륭한 대통령을 탄핵하려는 공화당 정치인들의 불륜 증거를 갖고 오면 백만 달러 현상금을 주겠다"는 내용의 광고를 냈다. 클린턴을 탄핵하려던 공화당 지도부 인사들은 사생활을 폭로했다. 미 하원의장 뉴트 깅리치(Newt Gingrich), 미 하원 법사위원장 헨리 하이드(Henry Hyde), 공화당 밥 리빙스턴 의원 등의 사생활을 폭로, 공화당을 쑥대밭 만들었다.

래리 플린트와 관련, 그의 행적이 영화화되기도 했다. 지난 1996년 '래리 플린트'가 상영됐다. 래리 플린트는 미국의 언론자유가 어디까지 인가를 보여줬다. 그는 1983년에 제리 폴웰 목사 사건을 보도, 사회적 이슈화 했다. 나무위키는 이 사건에 대해 "기어코 폴웰 목사가 화장실에서 문란한 어머니와 근친상간을 했다는 패드립적인 내용의 패러디 광고를 실었다! 광고 제목은 '제리 폴웰이 첫 경험에 대해 말하다(Jerry Falwell Talks About His First Time)'로, 그 당시에 있었던 캄파리 광고의 패러디다"면서 "캄파리는 술 브랜드로, 당시 유명한 여성 모델이나 배우를 광고 모델로 하여 인터뷰 형식으로 캄파리를 처음 마신 경험에 대한 1페이지짜리 광고를 여러 잡지에 냈는데, 플린트는 이것을 폴웰 목사로 바꾸고 인터뷰에 온갖 섹드립을 넣은 것으로 바꾼 것이다. 물론 그 광고 아래 '패러디니깐 심각하게 받아들이지 마십시오'라고 써놓긴 했다. 보험 광고 약관 설명 마냥 눈에 거의 보이지 않을 정도로 매우 작게"라고, 소개하고 있다. 결과는 어떠했을까? 아래는 이 광고 문안의 일부 내용이다.

"**폴웰** : 내 첫 경험은 버지니아 린치버그 교외의 한 옥외 화장실에서였습니다.

기자 : 좁아서 좀 불편하지 않았나요?

폴웰 : 그놈의 염소를 차서 쫓아낸 뒤엔 그렇지도 않았지요.

기자 : 음, 한번 자세히 얘기해주시죠.

폴웰 : 난 사실 엄마와 그 짓을 하리라곤 전혀 생각지 않았습니다. 그러나 엄마가 마을의 모든 남자들과 놀아나는 걸 보고는 생각했지요. "까짓거 뭐 어때!"

기자 : 하지만 엄마랑? 그거 좀 이상하지 않나요?

폴웰 : 난 그렇게 생각하지 않아요. 나한텐 여자의 외모는 그다지 중요하지 않아요.(참고 : 이 광고 문안 아래에는 '패러디니깐 심각하게 받아들이지 마십시오'라고 써놓았다.)"

이 광고 문안 아래에는 '패러디니깐 심각하게 받아들이지 마십시오'라는 문장이 들어가 있었다. 사실이 아님을 첨언(添言)해놓은 것이다. 이 광고 문안이 '허슬러 대 폴웰 사건(1988)'의 서막이다.

나무위키는 이 사건의 결과에 대해 "당연히 미국 사회는 난리가 났고, 더 이상 참지 못한 폴웰 목사는 명예훼손으로 손해배상 소송을 벌였다. 이 사건이 그 유명한 '허슬러 대 폴웰 사건(1988)'(Hustler Magazine v. Falwell)이다. 연방대법원까지 간 이 재판에서 래리 플린트는 이 문제를 미국 수정헌법 제1조를 들어서 공인에 대한 '표현의 자유'와 '언론의 자유'의 문제로 확대시킨다. 그런데 이 시점에서 당시 미국의 사회 분위기는 종종 풍자나 정당한 비판을 당한 공인들이 명예훼손이나 정신적 피해 운운하며 법정으로 상대를 끌고 가 승소, 배상을 받아내는 경우가 종종 있었고, 여기서 언론들도 예외는 아니었다"고 설명하면서 "일반의 관심을 받아가던 이 재판에서 플린트가 유죄판결을 받게 되면, 이후 언론의 공인에 대한 풍자와 비판은 물 건너갈 수 있다고 판단한 미국 언론사들은 플린트를 지지하는 쪽으로 기울어졌다. 그리고 마침내 대법원이 내놓은 판결은 원고 패소, 즉 래리의 손을 들어줬다."고 전하고 있다.

'허슬러 대 폴웰 사건'과 비슷한 또는 같은 유(類)의 사건이 한국에서도 일어날 수 있을까? 저자가 저자에게 묻고, 저자에게 답하는 것이라면? 그 답(答)은 노(NO)이다. 왜? 형법 제307조(명예훼손)에는 "① 공연히 사실을 적시하여 사람의 명예를 훼손한 자는 2년 이하의 징역이나 금고 또는 500만 원 이하의 벌금에 처한다. ② 공연히 허위의 사실을 적시하여 사람의 명예를 훼손한 자는 5년 이하의 징역, 10년 이하의 자격정지 또는 1천만 원 이하의 벌금에 처한다"는 조항 때문이다. 법의 입법이나 개정의 권한을 지닌 국회가 이 조항을 없애야만 한다. 미국이나 일본 등 선진국에는 없는 형법의 조항을 우리나라는 가지고 있다. 우리나라는 법에 의한 언론탄압이 공공연한 후진국이다.

미국의 '허슬러(Hustler)'라는 성인 잡지의 발행인인 '래리 플린트', 그는 미국의 언론자유를 확대시키는데 기여했다. 그의 사망을 추모하며, 이 글을 쓴다. 언론자유가 풍족하게 주어진 미국이 부럽다.

〈2021/02/15〉

제 2 장

문재인 정부는 '평화의 정부'

연내에 남한-북한 정상회담 열린다면?
"한반도 분단체제 혁파(革罷) 가능"

    문재인 대통령은 집권 초반기인 지난 2018년에 3차에 걸쳐 북한 김 정은 북한노동당 국무위원장과 남북정상회담을 가졌다. 1차 남북정상 회담(2018년 4월 27일), 2차 남북정상회담(2018년 5월 26일), 3차 남북정상회 담(2018년 9월 19일)을 통해 공동발표문 형태로 평화 진전을 만들어 냈다.

    특히 2018년 9월 19일 평양 백화원 영빈관에서 열린 정상회담을 통 해 '평양공동선언'에 합의했다. 이 합의문에 나온 내용은 획기적인 것들 이었다. '평양공동선언'에 따르면, 전쟁 종식이 언급돼 있다.

    이 선언의 제1항은 "남과 북은 비무장지대를 비롯한 대치지역에서의 군사적 적대관계 종식을 한반도 전 지역에서의 실질적인 전쟁위험 제 거와 근본적인 적대관계 해소로 이어나가기로 하였다."이다. 이 이외 2 항 부분은 "남과 북은 상호호혜와 공리 공영의 바탕 위에서 교류와 협 력을 더욱 증대시키고, 민족경제를 균형적으로 발전시키기 위한 실질 적인 대책들을 강구해나가기로 하였다"이며 "① 남과 북은 금년 내 동,

서해선 철도 및 도로 연결을 위한 착공식을 갖기로 하였다. ② 남과 북은 조건이 마련되는 데 따라 개성공단과 금강산관광 사업을 우선 정상화하고, 서해경제공동특구 및 동해관광공동특구를 조성하는 문제를 협의해나가기로 하였다."고 천명했다.

이 정상회담의 합의문은 한민족의 장래를 위해 아주 귀중한 문건이라 할 수 있다. 그동안, 이 합의문이 착실하게 이행됐다면, 종전선언이 마무리될 수 있었다. 또한, 남북 철도 연결을 통한 남북한 국민-인민의 자유 왕래의 실현도 성사될 수 있었을 것이다. 이외에 지난 보수 정권에서 중단됐던 금강산 관광의 재개와 개성공단 재가동도 성사됐을 것이다.

문재인 대통령의 3차에 걸친 남북정상회담 성사는 한반도의 긴장 완화, 동북아시아의 평화정착에 기여한 게 사실이다. 다만, 3차에 걸친 남북정상회담에서의 합의가 이행되지 않고 지척거려, 아쉬울 따름이다.

3차 남북정상회담이 개최된 지 3년이 흘렀다. 그리고 문재인 정부의 임기는 종반으로 흘러가고 있다. 문재인 정부 잔여 임기 기간에 제4차 남북정상회담이 열릴 수 있을까? 만약 문재인 대통령 임기 이내인 올 연말쯤에 제4차 남북정상회담이 개최되어 개성공단 재가동, 금강산 관광 재개, 남북 자유 왕래 등의 현안이 실천단계로 접어들 수 있다면, 엄청난 남한-북한 간 정치적 소통이 이뤄질 수 있을 것이다.

문재인 대통령은 지난 2021년 9월 21일(현지시각) 미국 뉴욕의 유엔본부에서 열린 제76차 유엔총회에 참석, 기조연설을 했다. 이 연설에서 한반도의 종전선언 문제를 언급했다. 문재인 대통령은 "지난해에는 한반도 '종전선언'을 제안했다. '종전선언'이야말로 한반도에서 '화해와 협력'의 새로운 질서를 만드는 중요한 출발점이 될 것이다. 나는 오늘 한반도 '종전선언'을 위해 국제사회가 힘을 모아주실 것을 다시 한번 촉구하며, 남북미 3자 또는 남북미 중 4자가 모여 한반도에서의 전쟁이 종료되었음을 함께 선언하길 제안한다"면서 "한국전쟁 당사국들이 모여 '종전선언'을 이뤄낼 때, 비핵화의 불가역적 진전과 함께 완전한 평화가 시작될 수 있다고 믿습니다. 마침, 올해는 남북한이 유엔에 동시에 가입한 지 30년이 되는 뜻깊은 해이다. 유엔 동시 가입으로 남북한은 체제와 이념이 다른 두 개의 나라라는 점을 서로 인정했다. 하지만 결코 분단을 영속하기 위한 것이 아니었다. 서로를 인정하고 존중할 때 교류도, 화해도, 통일로 나아가는 길도 시작할 수 있기 때문이었다. 남북한과 주변국들이 함께 협력할 때 한반도에 평화를 확고하게 정착시키고 동북아시아 전체의 번영에 기여하게 될 것이다. 그것은 훗날, 협력으로 평화를 이룬 '한반도 모델'이라 불리게 될 것"이라고 피력했다.

이 연설 이후 북한의 김여정 노동당 중앙위원회 부부장은 지난 9월 25일 "남북 간 상호존중이 유지되면 정상회담과 종전선언 등 남북 현안을 논의할 수 있다"는 반응을 보였다. 제4차 남한-북한 정상회담을 화두로 떠오르게 했다.

문재인 정부의 국가정보원은 국내 정치에서 손을 떼고 북한 문제나 국제 문제에 간여해왔다. 국가의 최고 비밀정보기관인 국가정보원은 그간 어떤 큰 틀의 한반도 전략을 추진해 왔을까? 북한이 정상국가 체제로 전환, 국제사회 내에서 정상 활동을 할 수 있는, 체제개방을 하는 데 구체적인 역할을 해왔으리라 짐작은 한다. 만약 제4차 남북정상회담이 연내에 열린다면, 한반도 분단체제를 혁파할 역사적이고 획기적인 회담으로 평가받을 수 있을 것이다. 이런 결과가 도출되면, 국가정보원의 활약이 내재(內在)돼 있었으리라 추론할 수 있다.

"우리는 주도적으로 우리 민족의 운명을 결정해 나가되 국제사회의 지지와 협력을 위해 함께 노력하기로 했습니다. 우리는 결코 뒤돌아 가지 않을 것입니다."〈2018, 1차 남북정상회담-2018년 4월 27일. 문재인 대통령의 발언〉

〈2021/09/29〉

남북한 지도자 친서교환 핫라인 개통…
혁명에 버금가는 화해의 시작

1차 산업혁명은 18세기에 영국에서 일어났다. 그 시작은 제임스 와트 증기기관 기술의 상업화에 기인한다. 증기기관차가 빠른 속노로 철로를 달리면서 제철공업-석탄업 등이 잇따라 발달했다. 1차 산업혁명이란, 따지고 보면 속도의 빠름이 가져다준 선물이었다. 철도가 출현, 사람과 물류를 빠르게 이동시켰다. 실상, 그 이후에 일어난 산업혁명도 내면을 들여다보면 속도의 지배였다. 점점 빠른 속도가 세상의 변환(變換)을 끌어냈다. 정보통신(IT) 세상이나 인공지능(AI) 세상도 반도체를 이용한 빠른 속도가 지배하는 세상이다. 이후의 4차-5차산업 발달도 속도와 연관이 있다고 본다. 속도를 지배하는 국가가 선진국가-일류국가로 진화-발전하게 돼 있다. 속도가 그만큼 중요한 세상이 된 것이다.

속도론 측면에서 남한과 북한과의 관계를 설명해보려 한다. 최근 남한과 북한과의 관계에 좋은, 아주 좋은 경사스러운 일이 생겼다. 남북 간 통신 연락선의 복원이다.

지난 2021년 7월 27일, 박수현 청와대 국민소통수석은 긴급 브리핑을 통해 "남북 정상은 지난 4월부터 여러 차례에 걸쳐 친서를 교환하면서 남북관계 회복 문제를 소통해 왔다. 이 과정에서 우선적으로 단절됐던 통신 연락선을 복원하기로 합의했다"면서 "양 정상은 남북 간에 하루속히 상호 신뢰를 회복하고 관계를 다시 진전시켜 나가는 데도 뜻을 같이했다. 이번 통신선 복원은 앞으로 남북관계 개선과 발전에 긍정적으로 작용하게 될 것으로 기대한다"고 밝혔다.

남한과 북한의 통신 연락선, 즉 통신선(通信線)은 무엇을 의미할까? 쉽게 말하면 언제든지 상호 전화를 통화할 수 있다는 것을 뜻한다. 문재인-김정은, 남북한 최고 정치지도자는 이미 3회에 걸쳐 남한-북한 간 정상회담을 가졌다. 그만큼 신뢰가 축적되었다. 국제정세가 이런 남북한에 축적된 신뢰를 뒤흔들면서 남한-북한 간의 상호 협력을 방해하는 방해꾼 노릇을 하고 있지 않은가?

속도론 측면에서 남한과 북한의 통신 연락선 복원은 '신(神)의 한 수'라고 생각된다. 이번에 복원된 남북한 핫라인은 413일간 불통되다가 지난 2021년 7월 27일에야 이뤄졌다. 북한 측이 개성공단을 폭파한 이후, 첫 좋은 소식이다. 3차에 걸친 문재인-김정은 남한-북한 최고 정치가의 정상회담은 기대가 커도 아주 컸다. 두 정상이 판문점에서 회동했고, 평양 거리를 무개차로 행진했으며, 백두산도 함께 올랐다.

이쯤에서 상상할 수 있는 것은 국가정보원의 활약 문제이다. 지난 7월 27일, 박수현 청와대 국민소통수석은 "지난 4월부터 여러 차례에 걸쳐 친서를 교환했다"고 밝혔다. 친서(親書)의 교환이란 누군가 남북을 오가며 직접 심부름한, 정권 차원의 고위층이 있었다는 의미이다. 친서를 교환하기 위해 남한-북한의 누군가가 평양과 서울을 오갔을까? 아니면 제3국에서 친서의 교환이 이뤄졌을까? 이런저런 상상(想像)이 가능하다.

박지원 국가정보원장은 지난 2020년 7월 29일 취임했다. 올 7월 29일은 박지원 국가정보원장의 취임 1년이 되는 날이다. 박지원 국가정보원장은 1년 전 취임사에서 "북한 비핵화 협상과 남북관계의 교착상태가 길어지는 가운데 강대국들의 패권경쟁 심화 등으로 안보 상황 유동성이 커지고 있다. 국가안보를 지키고 북핵 문제 해결을 위한 물꼬를 트겠다"고 피력했었다. 친서 전달의 주역은 과연 누구일까? 시간이 흐르면서 밝혀질 일이다.

남북한 핫라인의 개통으로 남한과 북한의 최고 정치지도자가 언제든 통화할 수 있다는 것은, 속도론(速度論)으로 보면 이후의 남북관계가 아주, 아주아주 좋아질 수 있다는 것을 의미한다. 증기기관차의 속도가 산업혁명을 촉발시켰다. 남북한에 설치된 핫라인 기기는 과거와 달리 아주 발전된 기기-첨단 장비이다. 대한민국은 정보통신(IT)의 최 선진 국가이다. 남한-북한 최고 정치지도자가 한반도(韓半島) 그 어디에 가 있든, 통화가 가능한 시대이다. 남북한 지도자가 상호 친서를 교환하면서 핫라인을 개통한 것은 혁명에 버금가는 남북 화해(和解)의 시작을 의미한다. 속도 빠른 소통 기기로 자주 소통하면서, 한반도의 평화를 증진시킬 때이다. 철도의 남북한 자유 왕래-남북한 국민-인민의 남북한 자유 왕래 등 혁명적인 남북의 상황이 하루빨리 오기를 기대한다.

〈2021/07/28〉

한국 정치는 이제 구(舊)시대의 낡은 틀에서 벗어나야만 한다!

　문재인 대통령과 미국 조 바이든 대통령 간 한미정상회담이 지난 2021년 5월 21일 열렸고, 저녁 5시 50분경(현지시각) 백악관 이스트 룸에서 공동기자회견을 가졌다. 이 자리에서 한미 공동성명이 발표됐다.

　한미정상회담 이후 발표된 한미 공동성명을 보면, 남한 내 정치의 대변혁(大變革)이 요구된다고 하겠다. 남한 내 정치, 즉 한국 정치의 큰 변혁을 촉발시키는 내용을 담고 있기 때문이다. 한국 정치는 이제 구(舊)시대의 낡은 틀에서 벗어나야만 한다. 타당(他黨) 비판을 위한 프레임 만들어 줄기차게 비판하기 등의 허름한 정치를 버릴 때가 됐다. 국내 정치, 누가 집권하든 대한민국이라는 거시적 정치 시대가 열리고 있다고 본다. 언론도 편향해서 비판하는 구(舊)시대적인 시각에서 탈각(脫却)할 때가 됐다.

　문재인-조 바이든 한미 공동성명은 한국 정치의 대 변환을 요구하는 내용을 담고 있다. 우물 안 개구리식의 정치 시대가 아님을 예시(豫示)해주고 있다.

한미 정상 공동성명은 한국의 글로벌 위치를 정립해줬다. 한미 공동성명은 "대한민국과 미합중국 간의 동맹은 70여 년 전 전장에서 어깨를 맞대고 함께 싸우면서 다져졌다. 공동의 희생으로 뭉쳐진 우리의 파트너십은 이후 수십 년 동안 평화 유지에 기여함으로써 양국 및 양국 국민들의 번영을 가능하게 하였다. 안정과 번영의 핵심축인 한미동맹은 양국을 둘러싼 국제정세 변화에 따라 꾸준히 진화하였다. 인도-태평양 지역 안보 환경이 더욱 복잡다단해지고, 코로나19 대유행으로부터 기후변화 위협에 이르는 생존을 위협하는 문제들로 인해 세계가 재편되고 있는 지금 우리는 철통같은 동맹에 대한 공약을 재확인한다"면서 "한국과 미국은 국내외에서 민주적 규범, 인권과 법치의 원칙이 지배하는 지역에 대한 비전을 공유하고 있다. 우리는 지역 및 세계 질서의 핵심축이자, 양국 국민들에게 평화와 번영이 지속되도록 하는 파트너십을 추구하고 있다. 무엇보다도 우리는 새로운 시대에 발맞춰나가겠다는 결의를 함께하고 있다. 바이든 대통령은 양국 간 파트너십의 새로운 장을 열어나가기 위해 대한민국의 문재인 대통령을 워싱턴에서 맞이하게 된 것을 영광으로 생각한다"고 기술돼 있다.

정치가 국내문제로 지지고 볶고 하는 시대가 아님을 의미하고 있다. 한국의 국제적 지위는 어느 정도일까? 미국이 인정하는 한국의 글로벌 위상은 격상돼 있다.

한미 공동성명에서 언급된 "▲인도-태평양 지역 안보 환경 ▲코로나19 대유행으로부터 기후변화 위협에 이르는 생존 위협 문제 ▲지역 및 세계 질서의 핵심축 ▲한국과 미국은 국내외에서 민주적 규범, 인권과 법치의 원칙이 지배하는 지역에 대한 비전 공유 ▲우리는 새로운 시대에 발맞춰나가겠다는 결의" 등등의 언급은 파격적이다. 그냥 언어적인 묘사만은 결코 아닐 것이다. 미국-중국 간의 새로운 경쟁 시대에서 한국의 국제적 위상의 크게 격상된 것만은 사실이다. 한미 공동성명 내에 등장하는 이런 표현들을 보면, 한국 정치가 국내에만 머무를 수 있는 안이한 시대는 이미 지났다고 표현할 수 있다.

한미동맹의 새로운 장이 열렸다. 한미 공동성명은 다년도 「방위비 분담특별협정」 서명도 언급됐다. 이어 "양측은 전 세계적 비확산과 원자력 안전, 핵 안보, 안전조치가 보장된 원자력 기술 사용과 관련된 제반 사안에 대해 긴밀히 협력하는 것이 동맹의 핵심적 징표임을 재확인하였다. 미국은 비확산 노력을 증진하는 데 있어 한국의 국제적 역할을 평가하였다. 한국은 미국과의 협의를 거쳐 개정 미사일지침 종료를 발표하고, 양 정상은 이러한 결정을 인정하였다."고 돼 있다. 남북관계에 대해서는 "바이든 대통령은 또한 남북 대화와 관여, 협력에 대한 지지를 표명하였다. 우리는 북한의 인권 상황을 개선하기 위해 협력한다는 데 동의하고, 가장 도움을 필요로 하는 북한 주민들에 대한 인도적 지원 제공을 계속 촉진하기로 약속하였다. 우리는 또한 남북 이산가족 상봉 촉진을 지원한다는 양측의 의지를 공유하였다"고 명시했다.

뿐만 아니라 "우리는 한국, 미국 및 동남아 지역 국민 간 더욱 심화된 인적 유대를 발전시키는 한편, 아세안 내 연계성 증진과 디지털 혁신을 촉진하기 위해 긴밀히 협력하기로 하였다. 우리는 또한 메콩 지역의 지속 가능한 개발, 에너지 안보 및 책임 있는 수자원 관리를 증진하기 위해 함께 노력해 나갈 수 있는 방안을 모색할 것이다. 한국과 미국은 또한 태평양도서국들과의 협력 강화에 대한 지지를 재확인하고, 쿼드 등 개방적이고, 투명하며, 포용적인 지역 다자주의의 중요성을 인식하였다."고 돼 있다.

한미 공동성명은 한국 정치가 향후 어떻게 변해야 할지를 시준(視準)해주고 있다고 하겠다. 경제적으로 크게 성공한, 또는 민주주의를 성공시킨 한국이 해야 할 국제사회 속의 정치 시대가 새롭게 열리고 있기 때문이다.

한국 정치는 이제 시각 자체가 넓어져야 한다. 얄팍한 비난이나 비판 정치 시대는 종료돼야 한다. 포퓰리즘 시대도 물 건너갔다. 이후 지나놓고 보면, 지난 5월 21일의 한미정상회담은 한국 정치사에서 역사적인 날로 기록될 수 있을 것이다.

〈2021/05/25〉

문재인 대통령은 과연 자신의 후계자를
점지할 수 있을까?

한국 현대 정치사를 보면 권력자가 후계자를 옹립하거나 점지하는 경우는 아주 드물었다. 주류(主流)의 힘이 기울면서 비주류, 또는 의외의 정치세력이 권력을 차지하곤 했다. 권력을 빼앗는 성격이 더 강했다. 역대 정권의 후계 구도를 알아본다.

＊**이승만** : 1960년 3·15 부정선거와 그해 4·19혁명으로 권력이 붕괴됐다. 하와이로 망명, 그곳에서 사망했다. 후계자 격인 이기붕 부통령(1960. 03~1960. 04 제5대 부통령)이 장기집권을 꾀했으나, 그 후유증으로 전 가족이 자살했다.

＊**박정희** : 박정희는 18년 6개월이나 장기집권했다. 유신헌법으로 영구집권을 꾀하다가 1979년 10·26 때, 김재규 당시 중앙정보부장에 의해 피격-암살됐다. 박정희가 살아있었다면, 후일 전두환 장군이 자신의 후계자가 돼 있었을 줄은 미처 몰랐을 것이다.

＊ **전두환** : 1979년 12·12 군사쿠데타로 권력을 장악했던 전두환은 7년 재임 뒤 노태우에게 권력을 넘겨 후계자로 세웠다. 전두환은 친구인 노태우를 후계자로 낙점했으나, 백담사 유배라는 고초를 겪었다.

＊ **노태우** : 1987년 5년 단임제 대통령 개헌으로 대통령 자리에 올랐다. 3당 합당으로 김영삼에게 권력을 넘겼다. 그러하니 김영삼 정권의 출발은 노태우로부터 권력을 이어받는 형태다. 그러나 김영삼은 집권 직후 역사바로세우기 정책을 추진, 노태우를 수감시켰다. 재집권을 성취하지 못했다.

＊ **김대중** : 유권자 열세 지역인 호남 출신인 김대중은 후계자 격으로 부산 출신인 노무현을 대선 후보로 뽑는데 기여했다. 호남+부산 연합으로 간신히 재집권을 성공시켰다.

＊ **이명박** : 이명박도 이렇다 할 후계 정치인을 키우지 못하고, 권력을 박근혜에게 넘겨주게 됐다.

＊ **박근혜** : 후계자 만들기는커녕 탄핵으로 권력에서 쫓겨났다. 대통령 탄핵 직후, 구속 수감됐다.

＊ **문재인** : 2022년 3월 9일은 차기 대선일. 최근 더불어민주당 내 여러 후보들이 경선출마를 선언, 당내 대통령 후보를 뽑는 경선이 진행 중이다. 향후, 대선 전까지 문재인 대통령이 차기 대선 후보를 점지하고 재집권에 성공할 수 있을까? "과연 후계자를 만들어 낼 수 있을까?"의 문제가 제기된다. 지난 2020년 4·7 서울−부산시장 선거에서 참패한 문재인 정권은 이미 레임덕 상태에 빠져 있다고 평할 수 있다.

대선 후보들의 경우, 전직 대통령을 치열하게 밟고 넘어가야만이 집권에 성공할 수 있다. 문재인 대통령의 경우도 후계자 옹립이나 점지(點指)가 어렵게 돼 있는 것처럼 보여진다. 문재인 대통령, 그가 지지하는 후보가 과연 국민 다수의 지지를 얻어낼 수 있을까? 이미, 어렵게 됐다. 민심이 떠나버렸다. 그가 낙점한 후보가 차기 대선에서 성공할 수 있는 기회가 멀어졌다. 민심이 떠났기 때문이다. 문재인 권력을 과감하게 밟고 설칠 더불어민주당 당내의 대선 후보에게 기회가 주어질 수 있음(?)이다.

〈2021/05/13〉

문재인 정부는 자본주의를 훼손하지 말고
더 심화(深化)시켜 나가야!

사회주의 국가 혹은 공산주의 국가로 분류됐던 중국의 기차에는 5등급까지 있다고 한다. 5등급 기차란 ▲경좌=딱딱한 의자 ▲연좌=푹신한 의자 ▲경와=딱딱한 침대 ▲연와=부드러운 침대 ▲2인 침대=남녀가 함께할 수 있는 침대 등으로 분류돼 있다고 한다. 기차에 탑승하는 가격이 각각 달라, 차별화돼 있다고 한다. 이는 중국식 사회주의를 말하는데, 그 속에 자본주의를 지향하는 치열한 정신이 깃들어 있다고 본다.

중국에서는 각자가 소지한 자본의 능력에 따라, 차별화된 기차를 탑승할 수 있다. 중국의 인민들은 더 좋은 기차 칸에 타기 위해 자본을 축적하려고 노력한다. 중국의 인민들은 그런 차등 사회를 뒤집으려 하거나 평준화를 요구하지 않는다. 이것이 중국식 사회주의이다. 인민 모두가 부자가 되고 싶어 끝없이 노력한다.

1950년부터 1953년까지 6·25 전쟁, 민족 내전이 있었다. 이 전쟁과 관련, 지구촌 사람들이 총 300만여 명이 사망했다. 그 후 남한은 미국식 자본주의를 받아들였다. 열심히 일하면 누구든 부자가 될 수 있다. 부자가 될 수 있는, 기회가 있는 나라이다, 자본주의를 향한 노력, 쉬지 않는 노력이 지속됐다. 이 결과 한국은 근년 들어 세계 10대 경제 강국이 됐다. 지하자원이 별로 없는 나라가 10대 경제 강국(強國) 반열에 오른, 성공한 국가로는 대한민국이 유일하다. 누구든 노력하면 성공할 수 있다는, 무한한 기회가 모든 사람에게 주어져 있었기 때문에 성공했다고 할 수 있다.

내국인의 성공뿐만 아니라 미주로 이민 나가 거주해온 동포들도 크게 성공했다. 미국에 이민 간 동포들은 밤을 낮 삼아 일해, 대다수 부자가 됐다. 이 모든 성공의 핵은 자본주의에 있다. 자본주의가 아니라면 그들의 성공을 보장될 수 없었다. 저자는 한인 미국 이민사 『미국 귀신 한국 귀신』을 쓴 저자이다. 미국 이민자들의 성공 이야기를 집필했었다.

그런데 근년의 대한민국의 실상은 과연 어떠한가? 대기업 족벌 경영주를 미워하는 분위기가 널리 확산돼 있다. 대기업 족벌 오너들이 감옥에 들락거린다. 우리나라에서 가장 부자인 삼성전자 이재용 부회장도 투옥 중이다. 코로나19 괴질이 지속되면서 국가의 지원금에 대해, 자주 지급하자는 등 이러쿵저러쿵 무료 지원설과 관련한 말들이 많다. A 지자체장이 앞장서서 설(說)을 푼다. 한 푼어치도 안 되는 대선주자 인기를 올리기 위한 선전술일지도 모른다. 각 당에 속한 유명 정치인들이 B 정치인처럼 무조건 퍼주기 주장을 뒤따른다. B 정치인은 신혼부부들에게 결혼자금을 무료로 주고, 연애자금까지 지원하겠단다. 이런 유(類)

들은 한국식 자본주의를 물 먹이는 일들이라고 열거할 수 있다.

대한민국은 자본주의를 받아들여 성공한 국가이면서도 자본주의 국가이면서도 깊은 속, 또는 정치적으로는 자본주의를 무너지게 하는 소리가 요란하다. 중국은 사회주의 국가이면서도 자본주의를 끊임없이-깊이 있게 추구하는 데 비해, 대한민국은 속과 겉이 아주 다른 분위기이다.

저자의 지난 세월을 양념 삼아 소개하려 한다. 지난 1997년 4월, 서울시청에서 가까운 법무사 사무실을 찾아갔다. '펜 그리고 자유'라는 회사를 설립하기 위한 발걸음이었다. 당시 주식회사를 설립하려면 50,000,000원이 필요했다. 통장에 50,000,000원의 잔고가 있어야만 했다. 저자는 주식회사를 설립하려 할 때까지만 해도 맨손이었다. 손바닥에 먼지만 가득했다. 도무지, 그 큰돈을 마련할 수 없었다. 그래서, 다짜고짜 법무사에 계신 분에게 털어놓고 말했다. 그분은, 그 자리에서 명동의 부자에게 전화를 해서 50,000,000원을 당장 빌려줬다.

그 도와줌이 없었다면 주식회사 설립이 어려웠을 것이다. 저자가 언론사업을 처음 시작했을 당시의, 과거 이야기이다. 그 후 24년간 절치부심(切齒腐心), 언론사업 분야에서 살아남았다. 이처럼, 대한민국은 기회가 있는 나라이다. 한국식 자본주의는 저자와 같은 무일푼 생존자에게도 주식회사를 만들어 도전하게 했고, 회사를 이끌어 오도록 했다. 지금은 200만 원짜리 주식회사도 설립할 수 있게 돼 있다.

"누구든 새로운 사업에 도전하십시오! 대한민국은 기회의 나라입니다!"

이 글의 결론을 말하련다. 한국은 중국을 배워야만이 중국을 이길 수 있다. 중국 사회는 부지런히 일해서 부자(富者)가 되려고 한다. 부자를 미워하지 않는다. 중국의 모든 인민은 성취하려는 기회를 노리면서, 뼈빠지게 일하고 있다. 그들은 공짜를 바라지 않는다. 부자에 대한 부정적인 것도 없다. 부자에게 욕설을 퍼붓는 이들도 없다. 가진 자를 비난하는 이들이 없다. 누구든지, 모두가, 부자가 되려고 노력한다. 실용 애국주의를 지향한다. 사회주의이지만 철저한 자본주의를 지향하고 있다. 기차에 1등부터 5등까지 차별화된 자본주의식 열차를 운행하는 나라가 중국이다. 심화(深化)된 자본주의만이 국가를 번성시킬 수 있다. 그래야만이 더 부자 나라, 더 좋은 나라를 만들어갈 수 있다.

대한민국, 즉 남한은 수천 년간 중국의 하류 국가였다가 자본주의를 받아들여 지난 수십 년간 앞서 있었다. 대한민국의 현실이 이러한 한, 이 기회를 놓칠지 모른다. 중국의 하류 국가로 재(再)편입될지 모른다. 매우 우려스럽다. 부자 기업주들을 감옥에 보내는 게 일상이고, 부동산을 소유한 이들을 혐오스럽게 하고, 날마다 공짜로 퍼주자는 정치인들을 우상으로 만들어가는, 더 이상 이상야릇한 나라로의 행진을 멈춰야만 한다. 경제적으로 동북아시아를 평정할 지고(至高)의 자본주의를 관통(貫通)할, 자본주의를 심화시켜야 할 것이다.

문재인 정부, 아니 그 이후 어떠한 정부라 할지라도 자본주의 가치를 더 이상 훼손하지 말고, 자본주의 가치를 더욱 더 심화(深化)시켜야만 한다. 국회는 대한민국을 부흥시킨 자본주의를 억압하거나 탄압하는 법령을 개정하거나 폐기할 수 있어야 한다. 그리하지 않는다면, 사회주의 국가처럼 보이지만, 내면으로는 치열한 자본주의를 지향하는 중국에 밀리고 말 것이다. 아래로의 가난한 하향(下向) 행보보다는 최고 부자로의 상향(上向) 행보를 기대한다. 21세기 들어 공산주의 원조라 할 레닌의 동상이 러시아연방 안에서조차 끌려 내려져 산산이 파괴되고 있음을 상기하기 바란다.

〈2021/03/18〉

함석헌의 "뜻으로 본 한국 역사"와
문재인 대통령의 신년사

'씨알의 소리'라는 월간잡지를 발간했던 함석헌(1901~1989)이 쓴 『뜻으로 본 한국 역사』는 우리나라의 역사를 '고난의 역사'로 단정 지었다. 함석헌은 이 책에서 "우리의 역사는 고난의 역사다. 우리나라는 큰 민족이 아니다. 중국이나 로마나 터키나 페르시아가 세웠던 것 같은 그런 큰 나라는 세워본 적이 없다. 애굽이나 바빌론이나 인도나 그리스같이 세계 문화사에서 뛰어난 자랑거리를 가진 것도 없다. 피라미드 같은, 만리장성 같은 유물도 세계에 공헌한 큰 인물도 없다. 있는 것은 압박이요, 부끄러움이요 찢어지고 갈라짐이요, 잃고 떨어짐의 역사뿐이다. 세계의 각 민족이 하나님 앞에 가지고 갈 선물이 있는데 우리는 가난과 고난밖에 없구나 할 때 천지가 아득하였다."고 주장했다.

이 책에는 "이 민족이야말로 큰길가에 앉은 거지 처녀다. 수난의 여왕이다. 선물의 꽃바구니는 다 빼앗겨버리고, 분수없는 황후를 꿈꾼다고 비웃음당하거나, 쓸데없는 고대에 애끓어 지친 역사다. 그래도 신랑

임금은 오고야 말 것"이라는, 내용도 있다.

우리나라 현대(現代) 역사 가운데는 참혹한 전쟁의 역사도 있다. 6·25 전쟁이 바로 그 전쟁이다. 300만 명 내외의 인명이 살상됐다. 1950~1953년, 3년 전쟁 기간, 국토는 완전 잿더미가 됐다. 분단 이후 아직까지도 오고 가지 못하는 가련한 신세다. 우리나라 고대-근대-현대 역사란, 함석헌이 말한 대로 '고난의 역사'임에 틀림없다. 이런 고난(苦難)의 과정에서 희망을 가질 것인가, 아니면 불안(不安)을 가질 것인가의 문제가 뒤따른다. 그런데, 우리나라는 희망을 선택했다.

2021년 새해 초, 문재인 대통령은 지난 1월 11일, 신년사를 발표했다. 이 신년사를 읽으면서 잡초처럼 살아왔던, 고난 어린 한민족의 역사를 뒤돌아보지 않을 수 없었다. 고난, 그 고난이란 나무에 열린 열매가 반짝반짝 빛나고 있기 때문이다. 현대 대한민국은 무섭게 일어섰다. 과거, 고난의 국가, 그런 국가가 더 이상은 아니다.

문재인 대통령은 2021년 신년사에서 "우리 경제는 지난해 OECD 국가 중 최고의 성장률로, GDP 규모 세계 10위권 안으로 진입할 전망이며, 1인당 국민소득 또한 사상 처음으로 G7 국가를 넘어설 것으로 예측된다"라며 "대한민국은 결코 멈추지 않았다. 국민 모두 어려움 속에서 최선을 다하며 위기에 강한 대한민국의 저력을 보여주었다"라고 강조했다. 또한 "자동차, 조선과 같은 우리 주력산업들이 경쟁력을 되찾고 있다. 자동차 생산량은 지난해 세계 5강에 진입했고, 조선 수주량은 세계 1위 자리를 되찾았다. 정부가 역점을 두어온 시스템반도체, 미래 차, 바이오헬스 등 3대 신산업 모두 두 자릿수 수출증가율을 보이며 새로운 주력산업으로 빠르게 자리매김하고 있다"라고 피력했다.

문재인 대통령이 신년사에서 언급한 내용은 비 사실(非 事實)이 아닌, 사실(事實) 그대로이다. 함석헌은 우리의 역사를 '고난의 역사'라며 가슴 아파했다. 그는 "이 민족이야말로 큰길가에 앉은 거지 처녀"에 빗댔다. 그러나 지금은 그런 아픔을 볼 수 있는 후진(後進) 국가가 결코 아니다. 세계를 선도(先導)하고 있는 선도국가가 됐다. 2021년, 대한민국은 GDP 규모 세계 10위권-국민소득 G7 국가 진입을 목격(目擊)하고 있다. 고난 위에 아름답고 고운 꽃을 피워낸 민족이다. 과감하게, 불안을 떨쳐 버리고, 희망하게 미래로 나아가야 한다.

지난 1월 16일 미국의 군사력 평가기관인 글로벌파이어파워는 세계 각국의 군사력 평가 보고서에서 한국의 군사력이 세계 6번째라고 소개했다. 이 기관은 인구, 병력, 무기, 국방예산 등 48개 항목을 종합, 군사력 순위를 산출했다. 세계 군사력은 미국, 러시아, 중국, 인도, 일본 순이었다. 한국의 국방비 지출은 480억 달러로 세계 8위. 이 보고서에 따르면 한국은 군사 강국인 것. 군사적으로도 약국(弱國)이 아닌 강국(强國)이 됐다. 더 이상 한국은 과거의 나약한 국가가 아니다.

함석헌은 "우리나라는 큰 나라를 세워본 적이 없다"고 탄식했다. 그러나 함석헌, 『뜻으로 본 한국 역사』에서 주장했던 그의 말은 틀렸다. 완전, 틀렸다. 이젠, 아니다. 대한민국은 이제 세계 속의 큰 나라가 됐다. '대한민국=큰 나라'라는 자부심을 가져도 좋다. 대한민국, 장밋빛 미래로 간다.

〈2021/01/12〉

문재인 정부, 어떤 정부로 규정?
'평화의 정부'가 어떠할는지?

3당 합당으로 박정희-전두환-노태우 군사쿠데타 정권의 정맥을 이었던 김영삼 정부(재임 기간 1993~1998)는 '문민(文民)정부'임을 스스로 천명했다. 김대중 정부는 '국민(國民)의 정부'임을 내세웠다. 김영삼-김대중, 민주투사 출신 대통령들은 자신들의 정권에 나름의 의미를 부여했던 것이다.

문재인 대통령은 지난 2017년 5월 10일, 취임 이후 지금까지 한반도의 평화, 즉 남북 간의 평화를 강조해왔다.

문 대통령은 지난 2017년 5월 10일 가졌던 취임식의 취임사에서는 "안보위기도 서둘러 해결하겠다. 한반도 평화를 위해 동분서주하겠다. 필요하면 곧바로 워싱턴으로 날아가겠다. 베이징과 도쿄에도 가고. 여건이 조성되면 평양에도 가겠다. 한반도 평화정착을 위해서라면 제가 할 수 있는 모든 일을 다 하겠다"고 선언했다. 대통령 취임사에서, 남북 문제에 관해서는 '한반도 평화정착'에 방점을 찍었다.

지난 2017년 7월 6일, 독일을 방문했던 문 대통령은 베를린 선언(베를린 쾨르버 재단초청 연설)을 했다. 한반도 냉전 구조 해체와 항구적 평화정착에 관한 구상을 밝혔다. 이 선언에서는 "우리가 추구하는 것은 오직 평화이다. 평화로운 한반도는 핵과 전쟁의 위협이 없는 한반도이다. 남과 북이 서로를 인정하고 존중하며, 함께 잘 사는 한반도이다. 우리는 이미 평화로운 한반도로 가는 길을 알고 있다. '6·15 공동선언'과 '10·4 정상선언'으로 돌아가는 것"이라고 역설하면서 "남과 북은 두 선언을 통해 남북문제의 주인이 우리 민족임을 천명했고 한반도에서 긴장 완화와 평화보장을 위한 긴밀한 협력을 약속했다. 경제 분야를 비롯한 사회 각 분야의 협력사업을 통해 남북이 공동번영의 길로 나아가자고 약속했다. 남과 북이 상호존중의 토대 위에 맺은 이 합의의 정신은 여전히 유효하다. 그리고 절실하다. 남과 북이 함께 평화로운 한반도를 실현하고자 했던 그 정신으로 돌아가야 한다. 나는 이 자리에서 분명히 말한다. 우리는 북한의 붕괴를 바라지 않으며 어떤 형태의 흡수통일도 추진하지 않을 것이다. 우리는 인위적인 통일을 추구하지도 않을 것이다. 통일은 쌍방이 공존공영하면서 민족공동체를 회복해 나가는 과정이다. 통일은 평화가 정착되면 언젠가 남북 간의 합의에 의해 자연스럽게 이루어질 일이다. 나와 우리 정부가 실현하고자 하는 것은 오직 평화"라고 피력했다.

문 대통령은 취임 후 첫 광복절(2017년 8월 15일) 기념사에서 "한반도에서 또다시 전쟁은 안 된다"라고, 대못 박듯 말했다. "한반도에서 또다시 전쟁은 안 된다. 한반도에서의 군사행동은 대한민국만이 결정할 수 있고, 누구도 대한민국 동의 없이 군사행동을 결정할 수 없다. 정부는 모든 것을 걸고 전쟁만은 막을 것이다"고, 담대하게 말했다.

문재인 대통령은 취임 이후 북한 김정은 노동당 국무위원장과 3차에 걸친 남북 정상 간 회담을 가졌다. 평양도 방문했다. 이 과정에서 두 정상은 남북 불가침에 합의했다. 이 토대 위에서 한반도 정전선언을 평화선언(종전선언)으로 바꾸는 노력을 기울이고 있는 과정이다.

문재인 대통령의 5년 임기 기한은 오는 2022년 5월 9일까지이다. 임기 말로 접어들었다. 이런 가운데에도 남북 간 평화가 줄기차게 강조되고 있다. 한결같은 흐름이다. 문 대통령은 지난 2021년 9월 22일 제75차 유엔총회 영상 기조연설에서 한국전쟁 종전선언에 대한 지지를 국제사회에 호소했다. 멈춰선 한반도 평화 프로세스를 재가동하겠다는 의지를 강하게 표명했다. 이 연설은 국제사회를 향한 연설이었다. 이 연설에서 "종전선언이야말로 한반도에서 비핵화와 함께 항구적 평화체제의 길을 여는 문이 될 것"이라면서 "평화에 대한 서로의 의지를 확인할 수 있는 시작"이라고 말했다. 문 대통령은 "한반도의 평화는 아직 미완성 상태이고, 희망 가득했던 변화도 중단돼 있다. 그러나 한국은 대화를 이어갈 것"이라고 피력했다.

뿐만 아니라, 지난 2021년 10월 28일 오전 서울 여의도 국회에서 가진 2021년도 예산안 시정연설에서 "지난 3년 반의 시간은 한반도에서 전쟁의 위협을 제거하고, '평화와 번영의 한반도'로 바꾸어가는 도전의 시간이었다. 많은 진전이 있었지만, 다시 대화가 중단되고, 최근 서해에서의 우리 국민 사망으로 국민의 걱정이 크실 것"이라고 강조하면서 "투명하게 사실을 밝히고 정부의 책임을 다할 것이지만, 한편으로 평화체제의 절실함을 다시금 확인하는 계기가 되었다. 연결된 국토, 바다, 하늘에서 평화는 남북 모두를 위한 '공존의 길'이다. 사람과 가축 감염병, 재해 재난 극복을 위해 남과 북이 생명·안전공동체로 공존의 길을 찾길 소망한다"고 피력했다. 이어 "한반도 평화는 우리 모두에게 주어진 시대적 소명이다. 우리 앞에 놓인 장벽들을 하나하나 뛰어넘으며, 시간이 걸리더라도 우리는 반드시 평화로 가야 한다. 강한 국방을 바탕으로, 한반도의 비핵화와 항구적 평화를 위해 끊임없이 대화를 모색하겠다. 남과 북, 국제사회가 대화와 신뢰를 통해 장애를 뛰어넘고, 한반도부터 동북아로 평화를 넓혀가길 기대한다"고 강조했다.

문 대통령은 취임 이후 줄곧, 남북 간 평화를 일관되게 주장하면서 남북 간 평화유지 기저(基底)를 유지해왔다. 김영삼 정부가 정부의 성격을 '문민정부'로, 김대중 정부는 '국민의 정부'라고 칭했었다. 이 취지에서, 문재인 정부는 어떤 정부라 칭하면 좋을까?

현 정부는 지금까지 과거의 정부와 같이 정권의 성격을 규정 하지는 않았다. 그러나 저자의 생각으로는 문재인 정권은 집권행태로 봐 '평화(平和)의 정부'로 칭할 수도 있을 것이라고 생각한다. 문재인='평화의 정부'는 나머지 임기 기간 내 남북평화의 큰 결실 맺기를 기대한다.

〈2020/10/28〉

제 3 장

우파의 조국 – 좌파의 조국?

대선을 앞둔 국가정보원 '대선 중립선언의 의미'

차기 대통령 선거는 2022년 3월 9일 치러진다. 이런 시국에 국가정보원은 차기 대선에 어떤 입장을 취하고 있을까?

이에 대해 박지원 국가정보원장은 "바야흐로 정치의 계절이다. 저와 국가정보원 전 직원은 철저한 '정치 거리 두기'를 실천하겠다. 동시에, 국가정보원을 또다시 정치로 끌어들이는 그 어떠한 시도에 대해서도 단호하게 대응해 정치 중립을 지켜나가겠다"면서 "정보공개 청구 및 불법사찰 진상규명 요구도 불필요한 오해가 없도록 오직 법과 사법부의 판결 기준에 의거해 처리하겠다."고 밝혔다.

박지원 국가정보원장은 최근에 과거 국가정보원의 잘못을 사죄했다.

박지원 국가정보원장은 지난 2021년 8월 27일 오후 서울 종로구 정부서울청사 브리핑실에서 기자회견을 갖고 국가정보원의 사찰 종식을 선언하면서 과거 불법사찰에 대해 대국민 사과를 했다. 박 원장의 대국민 사과 기자회견은 지난 2021년 7월 24일 국회를 통과한 국가정보기관 불법사찰 진상규명과 재발 방지 촉구 결의안 통과 이후의 행보이다.

박지원 국가정보원장이 이 회견에서 말한 주요 내용은 아래와 같다.

"저와 국가정보원 전 직원은 국민의 대표 기관인 국회의 엄중한 명령을 받들어 과거 국가정보원의 불법사찰과 정치개입에 대해 다시 한번 사과드립니다. 문재인 정부 출범 이후, 국가정보원은 5·18 민주항쟁, 세월호, 인혁당, 부마항쟁 등 과거사 진상규명을 적극 지원하면서 기회가 있을 때마다 과거 잘못을 사과해 왔습니다. 그러나 오늘 또 진정한 반성을 위해 국가정보원 개혁위와 적폐청산 TF 조사를 거쳐 검찰 수사 및 법원 판결로 확정된 잘못을 다시 한번 국민 여러분께 말씀드립니다. 국가정보원 지휘체계에 따라 조직적으로 실행되었습니다. 정보기관의 역할과 사명에 대한 잘못된 인식 하에 정권에 비판적인 개인, 단체를 다양한 방법으로 사찰하고 탄압했습니다. 정·관계, 학계 인사 및 관련 단체, 그리고 그 가족과 단체 회원까지 사찰, 탄압했습니다. 여기에 국가정보원 내 일부 국내부서가 동원되었고, 국가정보원 서버와 분리된 별도의 컴퓨터를 이용해 자료를 작성, 보고했으며, 대북 심리전단은 온라인 활동으로 여론을 왜곡했습니다. 문화·예술·종교계 인사들의 동향도 전방위적으로 수집했고 누구보다도 자유로워야 할 이들의 활동을 제약하고 현업에서 퇴출시키려고 압박했습니다. '문제 연예인' 리스트를 만들어 기관에 통보하는 등 인물과 단체를 선별해 집중관리 하기도 했습니다. 반면, 친정부 세력을 확대하기 위해서 각계 인사와 단체를 직·간접적으로 지원했습니다. 국가정보원이 단체와 기업의 금전 지원을 연결해 주고, 특정 사업에는 직접 자금을 지원하기도 했습니다. 나아가 국가정보원이 사실상 외곽단체를 운영해 특정 정당, 특정 정치인에 대한 반대와 비방을 담은 강의 교재 등을 발간, 배포해 국내 정치에 깊숙이 개입했습니다. 국가정보기관을 '정권 보좌 기관'으로 오인하고, 정권 위에 국가와 국민이 있다는 것을 망각한 것입니다. 과거 권위주의 정권 시절부터 불과 몇 년 전까지도 이러한 잘못이 계속되어 왔습니다. 국가정보원 전 직원을 대표해 큰 고통을 겪으신 피해자, 피해단체, 국민 여러분께 진심으로 사과드리며, 용서를 구합니다. 국민 여러분, 저는 국가정보원이 국민께 사과드리는 일은 이번이 마지막이어야 한다는 각오로 이 자리에 섰습니다. 국가정보원의 이러한 과거 잘못들은 대부분, 이미 사법부의 엄중한 심판을 받았습니다. 그러나 사법부의 판단이 완전히 끝나더라도, 이러한 잘못을 영원히 기억해서 다시는 똑같은 일이 반복되지 않도록 실천하겠습니다. 과거사 진상규명에 적극 협조하고 국가정보원을 상대로 진행 중인 소송도 피해자 입장을 고려해 최대한 신속하게 처리하겠습니다. 또한, 저도 국회 정보위에서 제안한 바 있고, 이번 특별 결의안에 명시된 것처럼 국회에서 특별법이 마련될 수 있도록 협조하고, 마련된 특별법에 따른 재발 방지 조치도 성실히 이행하겠습니다."

내용이 좀 길지만, 요약하면 "과거 국가정보원의 불법사찰과 정치개입에 대해 다시 한번 사과드립니다."라는 것이다. 불법사찰과 정치개입은 하지 않겠다는 선언인 셈이다.

그러하다면 국가정보원은 어디로 가려고 하는 것일까?

박지원 국가정보원장은 "국가정보원은 가장 유능하고, 가장 인권 친화적인 미래형 정보기관으로 다시 태어나겠다. 한반도 평화를 지원하고, 대공·방첩 사건도 잘 처리하고, 산업기술 유출, 사이버 해킹, 대테러 등 국익, 안보, 안전, 민생에 기여하는 서비스 기관으로 나아가겠다"

고 피력했다.

　국가정보원이 향후 가고 싶다는 길이 어디인지의 요약이다. "국익, 안보, 안전, 민생에 기여하는 서비스 기관"이 되고 싶다고 했다.

　국가정보원의 인적구성 규모는 비밀이다. 국가정보원에서 월급을 받고 있는 직원은 과연 몇 명이나 될까? 알려지기로는 큰 대기업의 인원수에 버금가는 대규모 조직인 것으로 알려져 있다. 거대한 인적집단인 국가정보원. 과거와 같으면, 국가정보원은 비밀공작을 통해 대선 결과의 향방(向方)을 주무르려 했을 것이다. 그런데 박지원 국가정보원장은 차기 대선을 앞둔 시점에서 "저와 국가정보원 전 직원의 철저한 '정치 거리 두기' 실천"과 "정치 중립"을 선언했다. 시대가 변했다. 그의 말을 곧이곧대로 믿어야만 한다.

〈2021/08/29〉

한반도 남한-북한 철도의 자유 왕래와 '러시아 푸틴 정부'의 역할

한반도 남북은 반도(半島)이다. 한반도 국토의 절반은 섬이라는 뜻이다. 한반도는 중국, 러시아, 일본 등과 국경(國境)이 맞닿아 있다. 1945년 8월 15일, 한반도가 일제 강점기에서 해방되자 남한은 미군이, 북한은 러시아군이 신탁통치 했다. 1950년에서 1953년까지 6·25 전쟁이 발발했을 당시 중공군(中共軍)이 북한의 지원을 위해 참전, 남북한 간 분단이 심화됐었다. 6·25 당시, 3년간 북한을 신탁통치 했던 경험이 있었던 러시아군은 왜 6·25전에 가담해서 북한을 돕지 않았을까? 역사적인 미스터리이다.

올해, 2021년은 6·25 전쟁이 끝난 지 68년째이다. 그 사이 남한과 북한의 경제적 발전을 비교하면, 큰 차이가 난다. 남한의 경제력은 이미 세계 10위권 내외이다. 특히 IT(정보통신), 반도체 등 미래 산업 분야에서 획기적인 발전을 꾀했다.

한반도와 국경을 맞대고 있는 러시아의 푸틴 정부 입장에서는 낙후

된 북한보다는 경제적으로 발전한 한국과의 관계를 더 발전-진전시키려 노력할 것이다. 이 점은 동서독 통일 이전, 구소련(러시아의 과거 국가)체제에서도 잘 나타나고 있다.

소련은 동서독 통일 이전, 서독으로부터 대규모 경제적인 지원은 받으면서 동서독 통일을 후원하는 국제세력이 됐다. 독일의 주간지 슈피겔은 전문성이 깊은 주간지이다. 이 주간신문은 "1989년 11월 9일 베를린장벽이 무너졌을 때 이로부터 1년도 안 돼서 독일이 통일될 것으로 생각한 사람은 아무도 없었다."고 보도했었다. 동서독 극적인 통일의 이면에는 소련의 방해가 전혀 없었고, 암묵적인 지원이 있었다고 보도했다.

동서독 통일 직전, 소련과 서독 정부는 대규모 경제적인 거래를 했었다. 소련과 서독의 거래내용은 어떤 것이었을까? 연합뉴스 동북아센터 월간 마이더스 2016년 4월호는 "소련의 고르바초프는 동독 주둔 소련군의 철수 비용으로 170억~175억 마르크를 요구했다. 콜은 고르바초프에게 9월 7일 전화를 걸어 80억 마르크를 제의했고, 고르바초프는 철수한 소련군이 거주할 주택건설비로만 110억 마르크가 소요된다고 반박했다. 결국, 콜은 흥정 끝에 철수비 120억 마르크에다 별도의 무이자 차관 30억 마르크를 주는 것으로 합의했다"고 보도하고 있다.

이런 정보는, 공개된 일부분일 것. 동서독 통일 이후 소련(러시아)과 통일 독일 정부 간의 경제적인 거래는 러시아의 경제를 발전시키는데, 큰 역할을 했다. 이런 맥락에서 한국과 러시아 푸틴 정부 간의 상생적인 외교 관계를 설정(設定)해볼 수 있다.

일본과 러시아, 일본과 중국은 일본의 침략을 받았던 구원(舊怨)의 관계이다. 하지만 한국과 러시아, 한국과 중국은 평화적인 관계라 할 수 있다. 여기에서, 발전된 한국의 경제력을 러시아가 어떻게 볼 수 있는가의 문제이다.

2020~2021년의 코로나19 사태에 따른 국제사회는 경제문제로 인한 혼란에 빠져 있다. 이 사태를 극복하려 안간힘을 쓰는 중이다. 미국이든 중국이든 러시아든, 자국(自國)의 경제적인 발전을 꾀하려 할 것이다.

1990년의 동서독 통일 직전, 서독을 도왔던 큰손 국가는 소련이었다. 한반도 남북-북한 간의 자유 왕래, 또는 남북한의 통일을 진전시키는데 큰손 역할을 해줄 국가도 러시아라고 생각한다. 러시아가 한국과의 교역 관계를 확대시키면 얻을 이익이 크기 때문이다. 러시아산 가스의 한국 판매라든가 지하자원의 거래, 관광 수입 등도 많아질 수 있다.

만약, 러시아 푸틴 정부의 도움으로, 남북한 철도의 자유 왕래가 성취된다면, 한국도 얻을 이익이 많을 것이다. 대륙 시대가 열리기 때문이다. 동서독의 통일을 연구해온 학자나 이를 보도해온 언론인들 가운데는 "서독이 돈으로 통일을 샀다"고 표현하는 이들도 있다. 부자국가였던 서독은 '대규모 경제적인 거래'로 통일을 성취해낸 것이다. 한국의 경제적 자원도 그런 구도(構圖)를 만들 위치에 와 있다고 하겠다.

남북한 철도의 자유 왕래는 남한 정부의 오랜 숙원(宿願)이다. 러시아 푸틴 정부의 적극적인 도움을 통한, 남한-북한 간 철도의 자유 왕래가 실현되는 그 날이 속히 오기를 고대한다. 그리하여 한국-러시아 푸틴 정부 간의 활발할 무역을 통한 양국의 획기적인 발전이 현실화되기를 기대한다. 이런 예상의 실천이야말로, 한국과 러시아 푸틴 정부 간의 '웅대한 외교적인 진전(進展)'이라고 볼 수 있다. 이 수순이야말로, 동북아 평화의 거보(巨步)를 내딛는 것이다.

〈2021/06/14〉

차기 대선, 국가정보원의 정치개입 완전히 차단됐다!

2022년 3월 9일은 차기 대통령을 뽑는 선거일이다. 그런데 차기 대통령 선거에서 국가정보원이 과연 정치적으로 개입할 수 있을까? 과거, 대통령 선거 때만 되면, 그 이전에 중앙정보부-안기부-국가정보원 등 국가정보관이 정치에 개입하는 사건들이 노출되어 심각한 정치적 논쟁거리가 됐었다. 그런데 문재인 정권이 출범한 이후 국가정보원의 국내 정치개입이 완전 차단된 것으로 풀이된다.

문재인 대통령은 취임 이후 국가정보원 요원들의 국내기관 출입을 완전 차단했다. 이어 2020년 12월, 국가정보원법이 더불어민주당의 주도로 개정돼, 국가정보원의 정치적 개입이 사실상 어렵게 됐다.

이런 중, 문재인 대통령은 지난 2021년 6월 4일 국가정보원을 방문, 과거와 같은 국가정보원으로 회귀할 수 없다고 천명했다.

본지와 제휴 관계 통신사인 뉴시스는 지난 2021년 6월 4일 자 "문재인 대통령 '과거 국가정보원으로 다시 돌아가는 일 없을 것'" 제하의 기사에서 "문재인 대통령은 이제 국가정보원이 다시 과거로 돌아가는 일은 없을 것이라고 말했다"고 보도했다. 이 통신은 "문재인 대통령은 '나는 지난 2018년 7월 이곳에서 결코 국가정보원을 정치적으로 이용하지 않겠고, 정권에 충성할 것을 요구하지 않을 것이며, 정치적 중립성을 확실하게 보장하겠다고 약속했다'며 '나도, 여러분도 그 약속을 지켰다. 국가정보원은 국내정보 조직의 해편(解編)을 단행하고, 의혹 사건에 대한 진실규명 작업을 진행하는 한편, 정보활동부터 예산 집행에 이르기까지 적법 절차에 따라 투명하게 업무를 수행하는 문화를 정착시켰다. 마침내 지난 2020년 12월, 국가정보원법 전면 개정 입법을 통해 개혁의 확고한 제도화를 달성했다'고 강조했다"고 보도했다.

이 통신은 문재인 대통령이 "'미래의 전장(戰場)인 사이버, 우주 공간에서의 정보활동은 더 강한 안보를 넘어 대한민국을 선도국가로 앞당겨줄 것'이라며 '국가정보원만이 할 수 있고, 더 잘할 수 있는 새로운 영역에서 마음껏 역량을 발휘해주길 바란다'고 당부했다"고 덧붙였다.

박지원 국가정보원장은 문재인 대통령이 국가정보원을 방문한 자리에서 가진 업무보고를 통해 "국가정보원법의 개정으로 국내정보 업무가 폐지됐다"고 언급하면서 "방첩·대테러·사이버·우주 정보 등 업무가 구체화되거나 새로 추가되면서 조직 체계 전반을 재정비(再整備)했다"고 밝혔다. 이어 ▲과학정보의 역량 강화 ▲지부의 '지역 화이트 해커 양성' 지역별 특화업무 발굴 ▲대공수사권 이관과 관련된 경찰과 합동수사 진행-새로운 협업 수사 모델 시범운영 ▲2023년 말까지 완전한 수사권 이관추진 등을 보고했다.

문재인 정부는 이번에 국가정보원의 원훈을 교체한 것으로 확인됐다. 문재인 대통령은 이날 원훈 교체를 위한 제막식에도 참석했다. 그간 국가정보원의 원훈은 '소리 없는 헌신, 오직 대한민국 수호와 영광을 위하여'를 사용해왔는데, 새롭게 교체한 원훈은 '국가와 국민을 위한 한없는 충성과 헌신'이다.

차기 대선에서 국가정보원의 정치적 개입은 완전 차단된 것으로 보여진다. 국가정보원법의 정치중립 보장, 문재인 대통령의 국가정보원 정치중립 소신 발언. 박지원 국가정보원장의 대통령을 향한 업무보고 등에서 이 같은 내용이 확인되고 있다.

저자는 민중 운동가 함석헌(1901~1989)의 저서인 『뜻으로 본 한국 역사』를 읽은 적이 있다. 소리 내어 읽었었다. 눈으로만 읽는 것보다 소리 내어 읽는 게 더 감흥이 있다. 최근 강효백 박사가 함석헌 어록을 페이스북에 올렸다. 감흥을 받았던 문구라고 생각한다. 그대로 옮겨본다.

"-울음은 울어야 더 서러워지는 것이요, 정의(正義)는 내놓고 부르짖어야 높아 가는 법이다. -자아에 철저하지 못한 믿음은 돌짝밭에 떨어진 믿음이며 역사의 이해 없는 믿음은 가시덤불에 난 곡식이다. -고난은 우리 인생을 하나님께로 이끈다. 눈에 눈물이 어리면 그 렌즈를 통해 하늘나라가 보인다. -죄는 네 죄, 내 죄가 따로 없다. 다만 〈우리 죄〉가 있을 뿐이다. -하나님 품에는 나만 있는 것이 아니다. 하나님 섬김은 민중을 어떻게 섬기느냐와 관련 있다. -4·19는 대낮에 민중이 맨주먹으로 일으킨 혁명의 날이고, 5·16은 한밤중에 도둑처럼 그것도 군인들이 총칼 들고 나타나 강제로 정권을 빼앗은 날이다. -오늘의 교회는 사회악과 싸울 생각을 않는다. 다만 천당만 찾는다. -원수를 사랑하라는 말씀 속에는 〈사랑으로 싸우라〉는 뜻이 내포되어 있다. -눈으로 보는 것은 참 봄이 아니다. 정신으로 뚫어 직관하라. −이 나라의 지나간 5천 년 역사가 내 몸속에 있다. −현실을 피하고서 구원은 없다. −생명은 순간마다 죽느냐, 사느냐의 싸움이다. −장터에 가면 쌀 사자는 사람은 있어도 글 사자는 사람은 없더라. 글은 정신의 소산이기 때문이다. −허락이라니? 박정희는 한강 다리 넘어올 때, 허락받고 넘어왔어? −무궁화를 내세우는 것도 근래(5·16 후)에 된 일, 그나마 정치 기분으로 된 것이다. −그대들은 〈뜨거운 얼음〉, 〈칼날 같은 풀잎〉, 그리고 〈흙 속에 임한 하늘〉을 아느냐. 얼음은 뜨거울 수 없고, 풀잎은 부드럽고 하늘거리는 것이지 칼날일 수 없다. 따라서 하늘은 머리 위 저 하늘에 있는 것이고, 땅 아래 흙 속에 있을 수 없다. 그러나 그대들은 그 진리와 이치를 터득해야 한다."

이 어록들은 함석헌의 생각과 사상을 담은 일부분일 것이다. 이 글을 읽으면서 느껴지는 것은 그의 글은 민중을 위로하는 예언적(豫言的) 성격의 글이라는 사실이다. 그분은, 박정희 군사정권에 맞섰던 민주운동가였다. 시대를 앞선 예언으로 민중과 함께했다.

아마 이 글을 읽는 분들은 다소 생뚱맞다고 할는지도 모른다. 함석헌 선생의 예언과 그간 화제를 몰고 다녔던 허경영 국가혁명당 명예대표의 예언을 비교해보려 하기 때문이다.

함석헌은 박정희−전두환 군사독재 시대를 살면서 예언적인 글로 민중을 위로했다. 그런데 인터넷 시대의 허경영(국가혁명당 명예대표)도 예언적 발언으로 민중에 가까이 다가섰다.

허경영은 지난 2020년 4월 7일 서울시장 보궐선거에 출마, 3위로 낙선했다. 그는 이 선거에서 "미혼자에게 매월 20만 원 연애 수당을 주는 연애 공영제를 실시하겠다" "통일부와 여성부를 없애고 '결혼부'를 만들겠다"는 등의 공약을 내걸었다. 이뿐만 아니라 "서울시 예산을 70% 감축해 국민배당금을 18세부터 150만 원씩 지급하겠다"는 공약도 내걸었다.

허경영 공약을 뒤따라 여러 정치인이 이와 비슷한 공약을 내걸었다. 일찌감치 '33 공약'(33가지 공약)을 피력했던 허경영은 "결혼하면 1억 원, 아이를 낳으면 5000만 원을 지급한다"는 출산정책도 내놓았었다. 현직 국회의원들이 들으면 깜짝 놀랄 공약도 내놓았다. 무슨 공약을? "내가 대통령이 되면 국회의원 300명을 일단 국가 지도자 정신교육대에 집어넣어 버리겠다"는 공약이다. 그는 "국가에 돈이 모자라는 게 아니라 도둑놈이 많다"는 발언도 했다.

허경영의 이러저러한 정치공약이나 발언들은 지속적으로 이 시대의 민중들에게 어필했다. 국가의 재원을 공짜로 준다는 것 때문이지만, 그의 말 속에는 예언적이며 사회 비판적인 내용도 들어 있다.

허경영의 예언성 발언들은 민중 운동가였던 함석헌의 예언과는 질적(質的)으로 다르다. 함석헌의 어록에는 "허락이라니? 박정희는 한강 다리 넘어올 때, 허락받고 넘어왔어?"라는 정치적 발언도 있다.

함석헌 어록과 허경영 발언의 비교-허경영 발언에는 "국가에 돈이 모자라는 게 아니라 도둑놈이 많다"는 발언도 있다. 함석헌은 독재 시대의 예언가였고, 허경영은 인터넷 시대의 예언가이다. 시대 시대마다 예언가는 있어왔다고 본다.

〈2021/06/05〉

박지원 국가정보원장이 말하는
'국가정보원의 혁신-쇄신'

문재인 정권의 국가정보원이 몰라보게 달라졌다. 최근(시행 일=2021. 01. 01), 국가정보원법이 바뀐 탓이다. 박지원 국가정보원장 체제의 국가정보원은 국제-북한 업무에 전념하고, 해킹-국가 기술유출 등의 관련 업무만을 담당해오고 있다. 최근 부산시장 선거전에서 국가정보원 정치 개입을 했다고 야당이 비판하고 나섰지만, 이미 국가정보원은 국내 정치에서 손을 뗐다.

지난 2021년 3월, 국가정보원을 방문했던 한 인사에 따르면, 국가정보원이 과거와 판이하게 다르다고 말해주었다. 국가정보원 관계자는 북한의 김정은 노동당 국무위원장의 건강 상태에 대해 "아주 양호한 것으로 분석하고 있다"고 말했다. 또한, 북한의 코로나19는 "창궐하지는 않는다"고 전해줬다고 한다. 북한의 식량 사정은 100만 톤 정도 부족한 것으로 분석하고 있었다고 한다. 미국 언론사의 평양 주재도 사실대로 말해주었다고 했다.

북한의 남한 기관에 대한 해킹은 여전한 것 같다. 이 분야의 국가정보원 전문가에 따르면, 해킹에 대해서는 해외 여러 국가(북한을 비롯)에서 하루 동안 국가 기관에 151만 건에 달하는 해킹 시도가 있다고 했다. 아마 민간 기업에도 해외로부터 해킹이 많겠지요. 국제사회의 정보전쟁이 그만큼 치열하다는 것을 말해주고 있었다.

그간, 과거 정부의 경우 국가정보 기관들이 내놓은 북한 관련 뉴스나 정보는 그 정확성, 진실성에서 뒤져 있었다고 평할 수 있다. 남북한 간 체제 경쟁에서 남한의 정부 기관들이나 군이 북한을 있는 그대로 보는 게 아니라 심리전 차원으로 뉴스나 정보를 처리하는 경향이 있어왔다. 그런데 요즈음 국가정보원은 북한을 있는 그대로 보고 북한 실상을 전달해주고 있다고 한다. 국가정보원이 생산하는 북한 관련 뉴스나 정보는 과거처럼 부풀리거나 대북 심리전 차원에서 왜곡하는 일을 하지 않는다고 한다. 국가정보원이 생산하는 북한 뉴스나 정보는 사실적이고 적확(的確)한, 뉴스-정보를 전달하기 위해 노력하고 있다는 것이다. 변해도 너무 많이 변했다. 문재인 정부의 '한반도 평화프로세스 정책'이 국가 최고 정보기관인 국가정보원을 그렇게 변하도록 유도-개선케 했다고 생각한다.

문재인 대통령은 한국이 세계 선도국가(또는 선진국가)로 도약해야 한다고 피력한 바 있다. 과감하게 정치에서 손을 뗀 국가정보원은 국익(國益) 전위기관으로 한국의 국가부흥에 매진할 수 있었으면 한다. 국가정보원은 동북아 최고의 정보기관, 더 나아가 국제사회를 무대로 한국의 국익 제고(提高)를 최우선에 두고 활약하는 대한민국의 정보기관이 되었으면 한다.

국가정보원을 방문, 박지원 국가정보원장을 만난 한 인사의 전언에 따르면, 박지원 국가정보원장은 "국가정보원의 완전한 정치적 중립"을 강조했다. 문재인 정부의 국가정보원이 환골탈태했다는 용어 대신 "과거 정보기관은 나는 새도 떨어뜨린다고 했는데, 요즘 국가정보원에 대해서는, 날아가는 새도 쳐다보지 않는다"라는 말로, 국가정보원의 탈권위적인 상황을 대신 말해주었다고 했다. "국가정보원은 정치관여를 일체 않고, 철저한 국익기관을 지향한다"는 말이었다.

저자는 미국 뉴욕의 맨해튼에서 1985년부터 1989년까지 기자 생활을 했다. 저자의 저서 가운데는 『비록 중앙정보부(전 3권)』가 있습니다. 국가 정보기관에 대한 전문기자의 한 사람인 셈이다. 1985년부터 지금까지 박지원 국가정보원장을 만나왔으니, 36년의 세월이 흘렀다. 그분의 성실하심에 늘 감동하며 산다.

박지원 국가정보원장은 1942년생이니, 중후(重厚)한 연령대이다. 박지원 국가정보원장은 이미 정치와 단절한 국가정보원이 국가를 위해 무엇을 해야 할 것인지를 잘 알고 있을 것이다. 국가정보원의 원훈은 "소리 없는 헌신 오직 대한민국 수호와 영광을 위하여"이다. 오늘의 국가정보원은 결코 과거의 국가 정보기관이 아니다. 변해도 너무 많이 변했다. 아주 좋은 쪽으로 변했다. 탈권위(脫 權威), 국민을 위하는 실용(實用) 기관으로 완전 거듭났다고 한다.

〈2021/03/04〉

우파의 조국-좌파의 조국? 조국은 하나인가?

쿠바의 혁명정부가 수립되는 공간에서 체 게바라(Che Guevara. 1928~ 1967)는 쿠바의 혁명을 일궈낸 혁명가였다. 그의 파란만장한 일생을 다룬 다큐멘터리와 영화가 나와 있다.

저자는 최근 체 게바라의 일생을 다룬 다큐멘터리(체 게바라-뉴맨)를 시청했다. 혁명가이면서도 유명작가 못지않게, 많은 글을 남긴 체 게바라의 일생이 담긴 스토리를 보면서, 감동을 받았다.

그는 쿠바혁명을 성공시킨 혁명가였다. 쿠바를 떠나 볼리비아 혁명운동을 진행(게릴라전)하다가 1967년 살해됐다.

그는 끊임없이 기록한 기록자의 면모를 보였다. 각종 글, 시, 이론적 성찰을 기록으로 남겼다. 나무 위에 올라가 나뭇가지에 걸터앉아 글을 쓰기도 했다. 주검이 목격되는 총알이 오가는 전장 터에서도 쪼그려 앉아 글을 썼다. 한때 사진기자로도 활동했다. 그리고 자신이 설정한 사상을 행동으로 옮겼다.

좌파혁명가 체 게바라는 죽기 직전까지 그의 조국을 사랑했다. 그는

"승리하는 날까지 조국, 아니면 죽음"이라는 명언을 남겼다. 체 게바라가 신념으로 가졌던 사상은 요즘 식으로 말하면 좌파이념이다. 중남미 아프리카 지역에 좌파 국가를 만들려고, 게릴라군(軍)을 모아 전투를 벌였던 혁명가였다. 그는 좌파였다. 소련, 중국 등 공산-사회주의 국가를 찾아다니며 도움을 요청하기도 했다.

대한민국의 경우, 자본주의를 받아들였다. 체 게바라의 무장투쟁 사상은 우리나라엔 먹혀들지 않을 것이다. 자본주의를 받아들인 대한민국 사람들에게 조국은 어떤 조국일까?

체 게바라는 "어느 곳에서든 제국주의와 싸울 것"이라면서 "죽음을 각오한 이 투쟁에는 전방이 따로 없다. 제국주의에 맞서 싸운 그 어떤 나라의 승리도 우리의 승리인 것처럼, 패배도 우리 모두의 패배"라고 했다. 그의 조국은 좌파의 조국이었다. 그런데 "우파의 조국-좌파의 조국? 조국은 과연 하나인가?"의 문제를 생각해볼 수 있다. 체 게바라는 "민중을 향한 사랑과 정의, 관대함 없이는 진정한 혁명가가 될 수 없다"는 말을 남겼다.

체 게바라, 그가 남긴 명언들은 그가 직접 쓴 것이 대부분이다. 아래는 인터넷에 올라 있는 체 게바라의 명언들에, 저자가 몇 가지를 더 보탠 체 게바라의 명언들이다.

- 어느 곳에서든 제국주의와 싸울 것이다.
- 나는 해방가가 아니다. '해방가'란 존재하지 않는다. 민중은 스스로를 해방시킨다.
- 무언가를 위해 목숨을 버릴 각오가 되어 있지 않는 한 그것이 삶의

목표라는 어떤 확신도 가질 수 없다.

- 리얼리스트(realist. 현실주의자)가 되자. 그러나 우리는 불가능한 것을 가능케 만들자.
- 나는 모험가이자 소시민이다.
- 많은 이들이 저를 모험가라고 부르겠지만, 저는 다른 유의 모험가이다. 자기 의견을 증명하기 위해 목숨을 거는 모험가이다.
- 네 자유와 권리는 딱 네가 저항한 만큼 주어진다.
- 죽음이 우리를 놀라게 할 때마다 우리의 함성을 들어주는 귀가 하나라도 있다면, 그리고 우리의 팔을 들어주려고 뻗치는 또 다른 손이 있다면 죽음을 환영하라.
- 나는 자신의 신념대로 행동하고 실천했다.
- 우습게 들릴지 모르지만, 진정한 혁명가를 이끄는 것은 위대한 사랑의 감정이다. 이런 자질이 없는 혁명가는 생각할 수 없다. 혁명은 다 익어 저절로 떨어지는 사과가 아니다. 떨어뜨려야 하는 것이다.
- 폭군은 폭군으로 변할 새 지도자로 대체될 뿐이다.
- 죽음을 각오한 이 투쟁에는 전방이 따로 없다. 제국주의에 맞서 싸운 그 어떤 나라의 승리도 우리의 승리인 것처럼, 패배도 우리 모두의 패배이다.
- 침묵은 다른 방식으로 펼친 주장이다.
- 아름다운 혁명은 먼 데 있는 것이 아니라 바로 나의 손끝에 있는 것이다.
- 태양을 마주할 용기가 있는 젊은이라면 누구나 뜨거운 가슴을 찾아 헤맬 줄 알아야 한다. 그 길이 돌이킬 수 없는 길이라 할지라도, 심지

어 돌아오지 못할 길이라 할지라도.

- 다른 누군가가 내 총을 집어 들고 쏘기를 계속한다면, 나는 죽어도 좋다.
- 네가 나를 죽이려고 왔다는 걸 알아. 쌰, 겁쟁이야! 너는 그저 한 사람을 죽일 뿐이야.
- 두려움에 대한 유일한 해법은 과감한 실행이다.
- 젊음은 나이가 아니라 마음가짐에 달렸다.
- 사랑은 그 어떤 문도 열 수 있는 만능열쇠이다.
- 승리를 향해서 끝없이 전진하라.
- 에베레스트산도 무수한 사람들이 도전하다가 실패했지만 결국에는 정복되고 말았음을 명심하라.
- 우리를 위해서 나를 내어줄 수 있을 때 인간은 아름답고 앞으로도 아름다울 것이다.
- 민중을 향한 사랑과 정의, 관대함 없이는 진정한 혁명가가 될 수 없다.
- 무조건적인 순종은 불의 앞에서 아무런 힘도 없다.
- 뜨거운 가슴과 냉정한 이성으로 세상 모든 불의에 맞서 격분할 수 있다면 우리는 하나다.
- 밤하늘에 수많은 별이 반짝이듯이 모든 민중의 눈동자도 저렇게 반짝일 수 있다면…
- 나도 남들처럼 성공할 수 있었다. 하지만 나는 그 길을 걷지 않았다. 그것은 나 혼자만의 성공이므로….
- 내가 짊어진 커다란 사명은 나는 가까이 민중 편에 살 것이다.

- 만일 이 세상에 둘로 나눈다면 나는 기꺼이 민중 편에 설 것이다.
- 이제 예술가처럼 집중해서 다듬어낸 나의 의지력이, 나의 연약한 팔다리와 지쳐 버린 허파를 지탱해 줄 것입니다. 해내겠다.
- 청춘은 여행이다. 찢어진 주머니에 두 손을 내리꽂은 채 그저 길을 떠나도 좋은 것이다.
- 진정한 혁명은 자기 자신에 대한 혁명이며, 어떠한 물질적 보상도 생각하지 않는 것이다.
- 진정한 혁명은 사랑이라는 위대한 감정으로 이끄는 것이다.
- 승리하는 날까지 조국, 아니면 죽음이다.

　대한민국은 자본주의로 웅장하게 일어선 나라이다. 체 게바라와 반대개념의 이념으로 성공한 국가이다. 체 게바라가 쿠바의 혁명 과정에서 쏟아낸 명언들을 읽으면서 묵상한다. 체 게바라는 자본주의를 조국으로 가진 자들에게도 조국이 무엇인가를 가르쳐 주고 있다고 본다. 그는 자신의 조국, 좌파의 조국을 사랑했다. "승리하는 날까지 조국, 아니면 죽음"이라고 했다. 자본주의를 조국으로 가진 이들에게 "조국이 승리하는 날까지. 아니면 죽음"이란 말도 대치될 수도 있다.

〈2021/02/22〉

국가정보원, 대한민국 선진국가 건설에 운명을 걸어야!

대한민국의 근-현대사를 보면, 체제 경쟁에서 우위(優位)를 차지했다. 1910년부터 1945년까지 치욕적인 일제 강점기를 거쳤다. 그 후 1945년부터 1948년까지 미 군정 체제하에서 미국식 민주주의-자본주의를 받아들였다. 자유민주주의-자본주의의 길을 걸은 대한민국의 세계적인 정치-경제적 발전은 경이로움, 그 자체였다. 서구식 민주주의를 발전시켜 '쇼 윈도(본보기)'적인 국가 됐다.

국민의 손으로 대통령을 선출하는 민주국가를 안착시켰다. 또한, 세계 10위권 경제 대국이 됐다. 그런 과정에 박정희-전두환 군사정권이라는 참혹한 정치적인 과정을 거쳤다. 1961년 5·16군사혁명 이후 출범한 중앙정보부-안기부-국가정보원이라는 이름을 가진 정보기관은 국가를 발전시키는데 필요한 갖가지 정보를 제공해온 동력기관으로써 빛과 그림자를 지니고 있는 기관이랄 수 있다. 자국민(自國民)을 탄압해온 인권탄압이나 비열한 정치공작 등은 죄업(罪業)일 수 있다.

박정희 폭압 정권을 유지하기 위해 정치 도구화됐던 과거도 있었다. 김대중(전 대통령)의 일본에서 납치, 동백림사건 등 해외 간첩단 사건 조작, 김형욱 전 중앙정보부장 암살 등 해외 공작에도 간여했다. 1979년 10·26 사건, 중앙정보부 최고 책임자였던 김재규 중앙정보부장의 박정희 암살로 박정희 정권의 영구집권 의도가 막을 내리기도 했다. 국가정보기관이면서도 권력자의 권력 지탱을 위해 봉사함으로써 권력의 영욕-부침과 같이했었다. 중앙정보부라는 명칭에서 국가안전기획부로 이름을 바꾼 국가안전기획부는 전두환 신군부(新軍府)의 군사정권 안착-유지과정에서도 악명(惡名) 기관으로 이름을 날렸다.

지난 2017년 5월 10일 문재인 대통령이 취임한 이후 국가정보원의 탈정치(脫政治)가 시작됐다. 국가정보원은 김영삼-김대중-노무현 정권이 발전시킨 토대 위에서, 미국의 CIA처럼 해외전문 정보기관으로의 탈바꿈이 시도됐다. 문재인 정권은 집권 초기부터 국가정보원 요원들의 국내기관 출입을 금지시켰다.

김병기 국회의원(서울 동작구갑)이 지난 2020년 8월 4일 대표 발의한 '국가정보원법 전부개정법률안'이 지난 12월 13일 국회 본회의를 통과, 국가정보원의 역할이 크게 달라졌다. 김병기 의원은 개정된 '국가정보원법 전부개정법률안'의 주요 내용에 대해 "국가정보원의 수사권을 폐지하되, 수사와 정보의 원만한 공조와 안보 공백을 방지하기 위해 3년간 시행 유예, 국내정보 수집 권한 폐지하고 직무 범위를 국외 및 북한에 관한 정보, 방첩, 대테러, 사이버안보 등으로 명확히 규정…자의적 해석에 따른 일탈 방지, 국가정보기관의 정치 개입 근절 위해 정치 활동에 관여하는 행위를 구체적으로 명시해 금지하고 이를 위반할 경우 처벌" 등이라고 설명했다. 수사권 폐지와 국외정보 전념이 국가정보원법 개정의 핵심이다.

이에 따라 박지원 국가정보원장은 국가정보원법 개정 이후의 국가정보원의 운영 방향에 대한 발표가 있었다. 박지원 국가정보원장은 지난 2020년 12월 16일 브리핑을 통해 "촛불혁명을 받들어 탄생한 문재인 정부의 국가정보원 개혁이 법과 제도로 완성되었다"고 전제하고 "역대 정부에서 추진했지만, 미완으로 남았던 국가정보원 개혁이 비로소 완성된 것"이라고 선언한 것.

박지원 국가정보원장은 이날(2020. 12. 16.) 브리핑에서 "개정된 법안은 1961년 중앙정보부 창설 이후, 처음으로 국가정보원이 '해야 할 것'과 '하지 말아야 할 것'을 명확히 규정했다. 국내정치 개입의 빌미가 되었던 '국내 보안 정보'는 없앴고, 정치 개입 우려 조직은 해체되었고, 원천적으로 설치할 수 없다. 대공수사권도 정보 수집과 수사 분리의 대원칙을 실현해서 인권 침해 소지를 없앴고, 경찰과 긴밀한 협조를 통해 지금보다 더 큰 성과와 효율성을 낼 수 있도록 했다. 또한, 직무 수행 기준인 정보활동 기본지침 마련, 중대한 국가안보 사안 국회 보고 등 국민의 대표 기관인 국회에 의한 '민주적 통제'를 받게 된다"고 설명하고 "그러나 이제 시작이다. 실천과 성과로 보여드리겠다. 국민이 신뢰하시는 그날까지 개혁, 또 개혁해서 세계 제1의 북한·해외정보 전문기관으로 거듭나겠다. 국가정보원은 국민과 함께 미래로 가겠다"고 강조했다.

박지원 국가정보원장은 "대장장이는 쇠가 달궈졌을 때 내려친다. 국민께서 주신 소중한 개혁의 시간을 절대로 허비하지 않겠다. 관계부처와 협의해서 시행령을 신속하게 마련하겠다. 국가안보 수사에 공백이 없도록 유관 기관과의 협력을 더욱 강화하고 전담조직 신설도 검토하겠다. 저를 비롯한 국가정보원 전 직원은 국민이 사랑하고 신뢰하는 국가정보원을 만드는데 모든 것을 다 바치겠다. 국가정보원은 오직 국민만 섬기며, 미래로 나가겠다"면서, 아래 3개 항을 천명했다.

▲국가정보원의 정치 개입은 절대 없을 것이다. 5·18, 세월호, 댓글 사건, 민간인 사찰 같은 국가정보원 관련 의혹이 두 번 다시 거론되지 않도록 진상규명에도 끝까지 협력하겠다. ▲AI, 인공위성 등 과학정보 역량을 강화하겠다. 방첩 및 산업기술 유출을 막아 국익을 수호하겠다. 해킹, 사이버 테러 대응에 역량을 집중해 국민, 국가, 기업을 보호하겠다. ▲국가정보원의 어두운 과거로 피해를 입은 여러분께 사죄하는 마음으로 피해자의 입장에서 정보공개청구에 적극 협력하고 관련 소송도 대응하겠다.

이제 국가정보원은 과거와 다른 국가정보원이 됐다. 군사정권 하에서는 권력자의 시녀(侍女) 기관 노릇도 했다. 인권탄압과 정치공작 기관 노릇도 했다. 하지만 이제부터는 국외-북한 정보 등에만 치중한다.

대한민국은 민주주의 국가-자본주의 국가 체제를 도입, 세계가 주목해온 성공한 국가이다. 이러한 체제를 유지-발전시켜 세계적인 선진국가로 도약해야 할 아주 중요한 시기에 도달해 있다. 국가정보원은 이러한 국가의 미래 운명을 새롭게 개척해야 할 정보기관으로서의 사명을 부여받은 셈이다.

박지원 국가정보원장이 브리핑에서 언급한 "AI, 인공위성 등 과학정보 역량을 강화하겠다. 방첩 및 산업기술 유출을 막아 국익을 수호하겠다. 해킹, 사이버 테러 대응에 역량을 집중해 국민, 국가, 기업을 보호하겠다"는 구절이 눈에 와닿는다. 국가 최고 정보기관인 국가정보원의 글로벌 무한 경쟁이 시작됐다. 미국, 중국, 러시아, 프랑스, 이스라엘, 일본 등 국제적인 정보기관들과 자웅(雌雄)을 겨뤄, 세계 제일가는 국가정보기관으로 무한 성장하기를 기대한다.

아래는 박지원 국가정보원장이 이날 발표한 브리핑의 전문이다.

「존경하는 국민 여러분, 촛불혁명을 받들어 탄생한 문재인 정부의 국가정보원 개혁이 법과 제도로 완성되었습니다. 역대 정부에서 추진했지만, 미완으로 남았던 국가정보원 개혁이 비로소 완성된 것입니다. 개정된 법안은 1961년 중앙정보부 창설 이후, 처음으로 국가정보원이 '해야 할 것'과 '하지 말아야 할 것'을 명확히 규정했습니다. 국내정치 개입의 빌미가 되었던 '국내 보안 정보'는 없앴고, 정치 개입 우려 조직은 해체되었고, 원천적으로 설치할 수 없습니다. 대공수사권도 정보 수집과 수사 분리의 대원칙을 실현해서 인권 침해 소지를 없앴고, 경찰과 긴밀한 협조를 통해 지금보다 더 큰 성과와 효율성을 낼 수 있도록 했습니다. 또한, 직무 수행 기준인 정보활동 기본지침 마련, 중대한 국가 안보 사안 국회 보고 등 국민의 대표 기관인 국회에 의한 '민주적 통제'를 받게 됩니다. 그러나 이제 시작입니다. 실천과 성과로 보여드리겠습니다. 국민이 신뢰하시는 그날까지 개혁, 또 개혁해서 세계 제1의 북한·해외정보 전문기관으로 거듭나겠습니다. 국가정보원은 국민과 함께 미래로 가겠습니다. 첫째, 국가정보원의 정치 개입은 절대 없을 것입니다. 5·18, 세월호, 댓글 사건, 민간인 사찰 같은 국가정보원 관련 의혹이 두 번 다시 거론되지 않도록 진상규명에도 끝까지 협력하겠습니다.

둘째, AI, 인공위성 등 과학정보 역량을 강화하겠습니다. 방첩 및 산업기술 유출을 막아 국익을 수호하겠습니다. 해킹, 사이버 테러 대응에 역량을 집중해 국민, 국가, 기업을 보호하겠습니다. 셋째, 국가정보원의 어두운 과거로 피해를 입은 여러분께 사죄하는 마음으로 피해자의 입장에서 정보공개청구에 적극 협력하고 관련 소송도 대응하겠습니다.

존경하는 국민 여러분, 대장장이는 쇠가 달궈졌을 때 내려칩니다. 국민께서 주신 소중한 개혁의 시간을 절대로 허비하지 않겠습니다. 관계 부처와 협의해서 시행령을 신속하게 마련하겠습니다. 국가안보 수사에 공백이 없도록 유관 기관과의 협력을 더욱 강화하고 전담조직 신설도 검토하겠습니다. 저를 비롯한 국가정보원 전 직원은 국민이 사랑하고 신뢰하는 국가정보원을 만드는데 모든 것을 다 바치겠습니다. 국가정보원은 오직 국민만 섬기며, 미래로 나가겠습니다. 감사합니다.」

〈2020/12/17〉

군 월북자-베트남 참전용사…
북한에 몇 명이나 살아있을까?

　어딘가에 사람이 살아있는데 살아있는 줄 모르고 제사를 지냈다면, '헛제사'일 수 있다. 상상해보건대, 월남전에 참전했다가 사망했다는 통보를 받고 제사를 지내왔는데, 만약 다수가 북한에 살아있다면, 그 가족들이 그간 지낸 제사는 '헛제사'를 지냈다고 말할 수 있다. 군 복무 중 월북한 군인도 있을 수 있다.

　저자는 지난 1985년부터 1989년까지 미국 뉴욕의 맨해튼에서 세계신보(주간 대판신문)의 기자로 일했었다. 이때 맨해튼의 콜롬비아 대학 도서관을 자주 이용했다. 이 도서관에는 북한에서 생산된 출판 자료가 많았다. 북한 평양에서 매달 발행, 해외로 배송되는 월간지도 비치돼 있었다. 그런데 그 월간지에는 군 복무 중 휴전선(38선)을 통해 월북했거나 베트남전에 참전했다가 북한에 정착한 남한 사람들, 복수의 얼굴이 들어 있는 단체 사진이 게재돼 있었다. 북한의 대남 심리전용 사진일지 모른다. 하지만, 그 사진에는 다수의 휴전선을 통한 월북자와 베트남전 참전용사들의 얼굴들이 담겨 있었다. 북한이 제작한 이 월간지는 매월 다른 군 월북자-베트남 참전용사들의 얼굴들을 공개하곤 했다.

그 사진이 100% 조작이 아니고, 사실이 조금이라도 포함돼 있다면, 그들은 어떻게 북한으로 갔을까? 휴전선을 이용해서 월북한 군인들도 있을 수 있다. 전장 터에서는 피아(彼我) 모두에게 포로가 있게 마련이다. 주월 한국군이 전쟁 중에 월맹군에 포로로 붙잡힌 이들이거나 자진 투항한 이들이 북한으로 이송되어 갔을 가능성도 있어 보인다. 그런데 우리 정부가 집계한 베트남 참전 자료에는 실종자 수가 4명으로 나와 있다. 아주 적은 숫자이다. 군 복무 중 휴전선을 통한 월북자 수는 아직도 미공개다.

위키백과는 "대한민국 국군의 베트남전 참전"이라는 제목의 글에서 "1964년에 의무중대 파견을 시작으로, 1965년부터는 맹호, 청룡부대를 파병하였고 1966년에는 백마부대의 파견으로 연인원 5만 명, 최대 30만 명을 파병하였다. 이 중 5,099명의 사망자(KIA)가 발생했으며, 11,232명의 사상자(WIA-사상자=죽은 사람과 다친 사람)와 4명의 실종자(MIA) 그리고 참전군인 중 이후 159,132명이 고엽제 등으로 인한 후유증을 앓고 있는 참전용사가 발생하였다. 베트남에 군대를 파병하여 경제 발전에 필요한 외화수입이라는 많은 경제적 이익과 한국전쟁 이후의 실제 전투 경험을 얻은 반면 그 대가로 파병자 중 5,099명의 사망자가 발생했으며 참전군인 중 이후 2만여 명이 고엽제 등으로 인한 후유증을 앓고 있는 참전용사가 많다"고 기록하고 있다. 이 기록도, 실종자 수를 전체 4명이라고 밝히고 있다.

전쟁은 피와 고통을 수반한다. 사망자가 속출하고 부상자도 나온다.

또는 포로로 잡힌 자도 나온다. 그런가 하면, 살아남기 위해 자진해서 적에게 투항하는 이도 있게 마련이다.

저자는 지난 1992년, 채명신 초대 주월 사령관(1926~2013)과 단독 인터뷰를 여러 번 가진 바 있다.

채명신 주월 사령관(1965~1969)은 베트남전에 참전했다가 사망(총 사망자=5,099명)한 사병들과 함께 묻히겠다면서 서울현충원 사병묘지에 묻힌 장군이다.

그는 베트남에 참전(1964~1973년) 했다가 사망한 장사병들의 죽음을 가슴 아파했다. 그런데, 지구상 그 어딘가에 한 명이라도 생존해 있다면? 노력해서 찾아내야 하는 게 당연할 일이다.

북한이 평양에서 발행한 월간지는 공식적으로 해외에 보급됐으니 우리나라 정보기관도 그 자료를 가지고 있을 수 있다. 북한 발행 월간지의 보도가 심리전 차원의 100% 가짜가 아니라면, 그 속에 진실이 담겨 있는지에 대한 조사가 이뤄져야 한다고 본다. 이쯤 해서는 국가정보원(국가정보원)이 나설 때이다. 국가정보원은 광주민주화운동 관련 사진의 공개에도 협조했다. 분단 민족의 아픔을 치유하는 데도 협조해야만 한다. 휴전선상에서 그동안 군 복무 중 월북한 이들의 수, 베트남 참전 용사 가운데 몇 명이나 북한에 생존해 있는지를 조사—공개해줘야만 한다. 침묵하거나 함묵할 일이 결코 아니다. 살아있는 이를 제사 지내는 가슴 아픔이 없어져야만 한다는 것을 지적한다.

〈2020/12/02〉

제4장

이재용 삼성전자 부회장…

"내 말 좀 들어보소!"

카카오 김범수 의장은 어떻게 천재가 되었을까?

김범수 카카오 의장은 우리나라 최고 부자로 알려져 있다. 개인 재산이 15조에 달한다고 한다. 최근 주식이 요동(폭락)치면서 김범수 의장이 화제의 전면으로 등장했다. 1조 원이 훨씬 넘는 자사 주식을 사들였다고 한다.

김범수 의장의 생명 뿌리(할아버지-아버지로 이어지는)가 전남 담양군 수북면 두정리이다. 지난 2021년 9월 9일 서울 노량진 수산시장에서 초등학교 친구와 만났다. 초등학교 동창 가운데 두정리 출신 김범수 의장의 당숙인 김진원 씨가 있다. 그는 해군본부에서 정년퇴임(전 해군 2함대사 무기체계 공장장)을 했다.

저녁을 먹는 자리여서 자연스럽게 한국의 최고 부자 김범수 의장에 관한 대화가 오갔다. 김 의장의 뿌리가, 한 고향이라는 게 자랑스러웠다.

동창인 김진원은 "김범수 카카오 의장이 천재였다"고 말했다. 초등학교-중학교 시절, 줄곧 반장 자리를 유지했었다고 말했다. 친구가 당시, 김범수 의장이 천재가 된, 일화 한 토막을 소개했다.

"김범수 의장의 외삼촌(박은수)은 유머가 풍부한 분이었다. 김범수 의장이 어렸던 시절, 외삼촌이 범수에게 '간장을 마시면 머리가 좋아진다'고 하니까, 범수가 간장을 꿀꺽꿀꺽 마신 적이 있었다. 그래서 범수가 천재가 되었다? 하하하…"

외삼촌이 마련한 간장 주입식이 천재 등극식이었던 셈이다. 하하하…

김 의장은 집안이 가난했어도 서울대학을 입학-졸업했으니, 천재라 할 수 있다. 동창인 김진원은 "김범수 의장의 천재성을 인정하고 50억 원을 투자해준 큰손이 있었지…그게 김범수 의장이 성공하는 출발이었어…"라고 말했다.

한국 최고 부자가 탄생할 수 있었던, 성공 스토리 이면에 있는 "50억 원을 투자해준 큰 손", 천재를 볼 줄 알았던 혜안의 소유자, 그 투자가가 한국인이란다. 대단한 한국인들이다.

⟨2021/09/12⟩

대한민국=세계 10대 경제선진국 진입…
첨단 물질문명 시대의 내면갈등

한국은 부자 나라가 됐다. 이젠 세계 10대 경제 선진(先進)국가이다. 문화도 선진국가인가에 대한 의문은 뒤따른다. 고민이 필요하다.

대한민국이 경제 선진국가에 진입하면서 종교적으로도 내면(內面)갈등이 증폭되는 양상이다.

올해 들어 SNS(사회 관계망 서비스)상에 어느 수녀가 썼다는 글이 스마트폰을 통해 널리 전파됐다. 저자도 이 글을 읽게 됐다. 한국 가톨릭교회(천주교회)의 내부를 비판하는 내용이다.

SNS로 전파되고 있는 글은 A 수녀라는 이름을 단 글이지만, 말미 부분(정치 언급 부분)은 제3자가 덧붙여 쓴 글이 첨가되어 있는 듯하다. 그러나 한국 가톨릭 수도자들 세계의 각성을 촉구하는 내용이란 점에서 관심을 끈다.

이 글은 "나는 더 이상은 정의를 외면한 사랑을 신뢰할 수 없다"는 말로 시작된다. 이어 "양들이 사지(死地)로 내몰리고 있는 처절한 상황

앞에서도 눈 귀 입을 닫은 목자들을 결코 신뢰할 수 없다. 처자식 먹여 살리기 위해서 직장 상사에게 굴욕을 당해 본 적도 없고, 자기 방 청소며, 자신의 옷 빨래며… 자신이 먹을 밥 한번 끓여 먹으려고 물에 손 한번 담가 본적이라곤 없는 가톨릭의 추기경, 주교, 사제와 수도자들의 고결하고 영성적인 말씀들이 가슴에 와닿을 리가 없다"고 전제하고 "언제부터인지 우리 교회에는 가난한 사람들의 권리 보호를 외면하고, 제도 교회의 사리사욕에만 몰두하는 목자 아닌 관리자들이 득실거린다. 고급 승용차, 고급 음식, 골프, 성지순례 해외여행에 유유자적(悠悠自適)하면서 부자들의 친구가 되고, 그들 자신이 부자이며 특권층이 되어버린 그토록 많은 성직자, 수도자들의 모습이 아름다울 리가 없다. 주교 문장에 쓰인 멋스러운 모토와 그들의 화려한 복장 가슴 위의 빛나는 십자가를 수난과 처참한 죽음의 예수님의 십자가와 도무지 연결할 재간이 없다"라고, 고뇌 어린 내용이 이어진다.

이 글은 수도원에 불어닥친 물질주의의 오염을 걱정하고 있다. "나날이 늘어나는 뱃살 걱정이며 지나치게 기름진 그들의 미소와 생존의 싸움에 지쳐있는 사람들과는 대체 무슨 상관관계가 있는 것일까? 또한, 가난을 서원한 수도자들 역시 그리 가난하지가 않다. 수도원에서는 아무도 의식주를 걱정하지 않는다. 안정된 공간에서 해주는 밥을 얻어먹으면서 최소한의 노동으로 최대한의 대접을 받고 산다. 어딜 가도 수녀님, 수녀님 하면서 콩나물값이라도 깎아주려는 고마운 분들 속에서 고마운 줄 모르고 덥석덥석 받는 일에 전문가가 되어간다"고 지적했다.

또한 "말만 복음을 쏟아 놓았지 몸은 복음을 알지 못하는 '실천적 무신론자'들이며, 아기를 낳아보고, 남편 자식 때문에 속 썩고, 시댁 친정

식구들에게 시달리며 인내와 희생을 해본 적이라곤 없는 탓에 철딱서니 없는 과년한 유아들이 없지 않다"면서 "수도복 입었다고 행세할 무엇이 있었던가? 본인이 원해서 하는 독신생활에 자랑할 무엇이 있었던가? 하느님 나라를 위해서 겸손하게 봉사하지 않고, 하느님의 뜻에 순명하지 않는다면 수도복과 수도 생활, 독신생활조차 그 의미가 희석된다. 교구, 본당, 수도회의 일이 너무 바쁜 나머지 세상일에 눈을 돌릴 수 없다고 변명하고 책임회피 할 수가 있는 것일까? 인간의 생명이 함부로 훼손되고, 사회적 약자들이 실의와 도탄에 빠진 이 나라 정치 사회의 불의를 향해 단호하게 저항해야 마땅한 일이 아닌가? 수도자들이라도 결집하여 그래서는 안 된다고 외쳐야 하지 않을까?"라고 호소하고 있다.

이 글의 마지막 부분은 "수도자들이라도 용기 있는 발걸음을 내딛고 목소리를 내야 하지 않을까? 종교계가 소름 끼치도록 조용하다. 이것은 무얼 뜻하는 걸까? 나 역시 작은 수녀에 불과하고 비겁하며 합리화하고 회피하고도 싶다. 내가 비판한 사람들 못지않게 비판받을 행동을 하고 있다는 뼈아픈 자의식으로 인해 차라리 그 모든 것에서 물러나서 침묵을 택하고도 싶다. 그러나, 그러나 시간이 그리 많아 보이지 않는다. 더 이상 미룰 수 없는 일처럼 보인다. '다만 공정을 물처럼 흐르게 하고 정의를 강물처럼 흐르게 하여라.'라는 아모스 예언자의 외침이 내 심장에서 불꽃처럼 뜨겁게 일어서고 있다"는, 스스로를 자책(自責)하는 내용으로 마감된다.

첨단 물질문명 시대를 살고 있는, 이 시대를 살아가고 있는 천주교 한 수도자의 내면갈등이 적나라하게 표출돼 있다. 이 글을 쓴 당사자는

"수도복 입었다고 행세할 무엇이 있었던가? 본인이 원해서 하는 독신 생활에 자랑할 무엇이 있었던가? 하느님 나라를 위해서 겸손하게 봉사하지 않고, 하느님의 뜻에 순명하지 않는다면 수도복과 수도 생활, 독신생활조차 그 의미가 희석된다."고, 자신을 향해 묻고 있다.

이 시대의 한국인들은 첨단 물질문명 시대를 살고 있다. 가난을 극복한 국민으로서 첨단 시대를 살아가고 있다. 이 수도자의 고민-고뇌는 어쩌면 모든 국민들의 고뇌일지 모른다. "수난과 처참한 죽음의 예수님의 십자가와 도무지 연결할 재간이 없다"라고 지적한 내용은 수도인 자신에게 묻는 처절한 질문이다.

이 글은 한 수도인이 자신이 속한 양심집단을 향해 호소하는 내용이다. 마찬가지로, 첨단 물질문명 시대에 세계 10대 선진 경제 국가로 진입한 한국인들의 내면갈등과도 비유될 수 있다고 본다. 세계 10대 경제선진국-경제 대국이 된 오늘날 한국인들이 갈 길이 어디인지를 치열하게 따지고 물어야 한다. 그리하여 문화선진국으로 가는 길이 어디인지, 그 답을 찾아내야만 한다.

〈2021/09/02〉

이재용 삼성전자 부회장…"내 말 좀 들어보소!"

이재용 삼성전자 부회장은 수감 중이었다. 지난 2021년 8월 15일 출감이 됐다. 카카오 김범수 의장이 한국의 최고 부자로 떠오르기 전까지는 그가 한국의 최고 부자였다. 이병철-이건희에 이어 3대로 이어져 온 재산의 상속 과정에서 불법이 인정돼 투옥 상태이다.

사람이란 존재는 몸과 정신으로 구분한다. 이재용의 현재 몸 상태는 선풍기만 돌아가는 교도소의 독방에 갇힌 상태다. 자유가 없다. 스마트폰도 지니지 못한다. 취침과 기상도 통제된다. 마음 놓고 웃을 수도 없다. 하하하…마저, 억압된 상태다.

그는 지난 2017년 12월, 항소심 최후진술에서 "재판장님. 외람되지만 제가 갖고 있었던 인생의 꿈을, 인생의 목표를, 경영인으로서, 기업인으로서의 꿈을 한번 말씀드리고 싶습니다. 저는 제 능력을 인정받아 창업자이신 이병철, 이건희 회장님 같이 성공한 기업인으로 이름을 남기고 싶었습니다"면서 "제 꿈은 삼성을 이어받아서 열심히 경영해서 우리나라를 위해 헌신하는, 제가 받아왔던 혜택을 조금이라도 더 많이 사회와 나눌 수 있는 참된 기업인으로 인정받고 싶었을 뿐입니다. 재벌 3세로는 태어났지만 선대서 이뤄놓은 우리 회사를 오로지 제 실력과 제 노력으로 더 단단하게 더 강하게 또 가치 있게 만들어서 저 자신을 세계적인 초일류 기업 리더로 인정받고 싶었습니다. 이것이 제 인생의 꿈이었고 기업인으로서 목표였습니다."고 말했다.

그는 법정 진술에서, 한국의 두 번째 부자인 자신의 소원이 무언지를 확고하게 말했다. '세계 일류기업의 리더'가 소원이라고 말했다. 출소해서 자유가 주어지면, 그렇게 하고 싶다고 말했다.

인간은 갇혀있을 때 더 창조적이다. 어머니 뱃속은 갇혀있는 상태다. 생명체로 완성된다. 하지만, 부자유하다. 탄생하는 순간, 신체 이동의 자유가 주어진다.

이재용, 그는 현재 갇혀있다. 그러나, 그의 정신-영혼을 가둘 수는 없다. 그 어느 때보다 자유를 구가, 그가 소원하는 세상-세계의 구축을 상상할 수 있다.

이재용, 그는 부자유를 통해 무한 자유로움에 접근하고 있을 터이다. 대한민국 사법부는 그에게서 몸의 자유를 박탈했지만, 영혼의 자유만은 어찌하지 못한다. 몸이 갇혀서 얻은 정신의 자유야말로 고귀한 자유이다.

김일윤 헌정회장은 지난 2021년 7월 27일 자 보도자료에서 "8월 15일 광복절을 앞두고 코로나19 사태로 어려움에 처해 있는 국민의 화합과 국가 발전을 위해 민생사범과 두 전직 대통령 및 삼성 이 부회장에 대한 대사면을 건의했다"고 밝혔다. 헌정회 측은 건의서를 통해 "문재인 대통령이 사면에 대해서는 국민의 눈치를 보지 마시고 나라의 장래와 국익을 먼저 생각하기 바란다"면서 "김대중-김영삼 대통령도 전두환 노태우 전직 대통령을 사면하고 청와대에 초청했다"라고, 과거 대통령의 사면권에 의한 사면을 상기시켰다. 이어 "이재용 삼성전자 부회장을 사면해 국민 화합과 무한 경쟁의 세계 반도체 전쟁터에 보내 국익을 도모하기 바란다"는 내용도 포함시켰다.

이런저런 탄원이 답지했다. 결국, 이재용 삼성전자 부회장은 특별사면 됐다.

"이재용 삼성전자 부회장님, 2021년 8월 15일 특사를 축하합니다. 이젠, 자유로운 영혼이니 하고 싶은 일을 맘 놓고 하소서! 출소했으니 대한민국을 부자국가로 만드는 데 큰 역할을 해주소서!"

〈2021/08/02〉

알렉스 헤일리의 소설 『뿌리』와
카카오 김범수 의장

소설가 알렉스 헤일리(Alex Haley, 1921~1992)의 소설 『뿌리』가 있다. 노예로 팔렸던 흑인들의 역사를 있는 그대로 다룬 소설책이다.

카카오 창업자 김범수(55) 의장이 이재용 삼성전자 부회장보다 재산이 더 많은 우리나라 최고 부자에 등극했다. 미국의 〈블룸버그〉 통신은 지난 7월 29일(현지시각) "카카오 김범수 의장이 순 자산 134억 달러(약 15조4천억 원)로 121억 달러(약 13조9천억 원)의 이 부회장을 제치고 한국의 부자 1위에 올랐다"고 보도했다. 이 통신은 김범수 의장의 어린 시절도 소개했다. 가족 8명이 단칸방에 함께 산 '흙수저'라고 소개했다. 위대한 탄생(great birth)이다.

그는 서울대 산업공학과를 졸업했다. 지난 2006년 카카오의 전신 '아이위랩'을 세웠다. 그 이후, 카카오톡 메신저를 출시, 오늘의 카카오로 육성했다. 김범수 의장은 자신의 재산 절반쯤을 사회에 기부하겠다는 통이 큰, 보기 드문 기업인이다.

김범수 의장의 할아버지-아버지의 고향(원적), 뿌리 동네는 전남 담양군 수북면 두정리이다. 저자의 마을은 김범수 선친의 고향마을인 두정리의 근처 마을인 수북면 풍수리이다. 수북면에는 북쪽으로 삼인산(三人山)이라는 큰 산이 있다. 사람 인(人)자(字) 3개처럼 보이는 산이다. 오랜 전설에 따르면, 이 산 밑에서 세 사람의 위대한 인물이 난다는 설(說)이 있어왔다. 아주 건방진 이야기이지만, 저자도 어릴 적부터 그중의 한 명이 되고 싶은 꿈이 있었다.

그러나 김범수 카카오 의장의 한국 최고 부자 탄생으로 일단 1명의 위대한 인물이 탄생한 셈이다. 3인산 밑 위대한 인물 3인 가운데, 나머지 두 명의 경쟁이 시작됐다. 저자(웃음 종교 문일석 교주)도 그 경쟁 대열에 들어섰다, 하하하…

저자는 수북초등학교 39회 출신인데, 저자와 동창생인 김진원(수북면 두정리 출신. 국방부 은퇴 공무원) 님이란 친구가 있다. 얼마 전 이 친구와 서울시 종로구 YMCA 근처에서 소주를 마셨다. 저자의 친구인 김진원 님이 카카오 김범수 의장의 당숙(5촌)이다. 김범수 카카오 의장은 어릴 적에 서울에 살았는데, 아버지(김범수 의장의 아버지 이름은 김진용)를 따라 원적지(고향)에 내려오면, 내 친구인 김진원 님의 집에서 머물렀다. 다시 말하면, 김범수 의장의 뿌리(원적) 마을은 전남 담양군 수북면 두정리이다.

김범수 의장은 1966년생이지만, 뿌리를 존중하는 사람인 듯하다. 저자의 친구인 김진원 님은 이에 대해 "내 조카인 김범수 의장이 2016년에 돈을 보내주어 선산(先山)을 보기 좋게 조성, 조상분들을 편안하게 모실 수 있게 됐다"고 말했다.

〈블룸버그〉 통신은 카카오 김범수 의장의 순 자산이 134억 달러(약

15조4천억 원)라면서 121억 달러(약 13조9천억 원)의 이재용 삼성전자 부회장을 앞질러 한국 부자 1위에 올랐다고 알렸다. 여기에서 중요한 것은, 삼성은 한국 최고의 기업이다. 전자제품, 반도체 등을 생산, 부(富)를 일궜다.

그런데 카카오 김범수 의장은 생산제품으로 성공한 게 아닌, 인터넷 시대의 가상공간에서 부(富)를 창출했다. 영남 출신 정권하에서 소외받았던 호남에는 큰 공장이 없다. 그러나 첨단 인터넷 시대에 김범수 의장 같은, 호남에 조상-뿌리(전남 담양군 수북면 두정리)를 둔 부자가 탄생, 세상이 바뀌었음을 말해준다. 눈에 보이는 상품 하나 없이 한국 제1 부자로 등극한 것이다. 호남인 성공시대의 커다란 문이 열렸음을 보여준 사례이다. 맨손 출발, 흙수저가 엄청나게 크게 성공한 사례이다. 담양군 수북면 3인산 밑의 마을들에서, 삼인산 기운을 받아 성장한, 더 위대한 호남인들이 계속해서 나오기를 소원한다.

김범수 의장 덕에, 김범수 의장 선친들의 뿌리마을인 두정리 옆의 풍수리 촌마을에 태어난 게 자랑스럽다. 미국인 소설가 알렉스 헤일리의 소설에 질펀하게 담긴 '뿌리 의식'이 되살아난다. 흙수저 출신이 한국의 제1 부자가 되는 세상이다. 대한민국 모든 사람들, 용기를 잃지 말고 무엇이든지 도전해보자. 하하하, 오늘따라 기분이 좋다! 하하하, 흙수저가 아주 크게 성공하는 세상이니 늘 웃으면서 삽시다! 하하하…

〈2021/07/31〉

정부에 기증된 '이건희 컬렉션 2만여 점' 다시 돌려주면 어떨까?

　고 이건희 삼성전자 회장의 가족들은 이건희 컬렉션 수만 점을 국가에 헌납하겠다고 발표했다.

　지난 2021년 4월 고 이건희 회장 유족들은 "국보 등 지정문화재가 다수 포함 이건희 회장 소유의 고미술품과 세계적 서양화 작품, 국내 유명작가 근대미술 작품 등 총 1만1000여 건, 2만3000여 점이 국립기관 등에 기증한다"고 밝히면서 "겸재 정선의 '인왕제색도'(국보 216호), 단원 김홍도의 '추성부도'(보물 1393호), 고려 불화 '천수관음보살도'(보물 2015호) 등 지정문화재 60건(국보 14건, 보물 46건)을 비롯해 국내에 유일한 문화재 또는 최고(最古) 유물과 고서, 고지도 등 개인 소장 고미술품 2만1600여 점은 국립박물관에 기증하기로 했다"고 알렸다. 이어 "김환기의 '여인들과 항아리', 박수근의 '절구질하는 여인', 이중섭의 '황소', 장욱진의 '소녀/나룻배' 등 한국 근대미술 대표 작가들의 작품 및 사료적 가치가 높은 작가들의 미술품과 드로잉 등 근대 미술품 1600여 점은 국립현대미술관 등에 기증할 예정"이라고 알렸다.

유족들의 이런 발표를 접한 각 지방자치단체는 이건희 컬렉션의 유치를 위해 노력해왔다. 그러나 문화체육관광부는 지난 7월 7일 보도자료를 통해 "고 이건희 회장 유족이 기증한 미술품을 한곳에 모은 이건희 기증관을 서울 용산이나 송현동에 짓겠다"고 발표했다.

저자는 이 사안에 대해 브레이크뉴스 2021년 5월 17일 자 "'이건희 컬렉션' 유족들이 국가-사회에 헌납 '아름다운 문화 행동'으로 인식변환" 제하의 글에서 "'이건희 컬렉션'이 미술품의 국익(國益) 부강론(富强論)을 만들어 내고 있다. 유럽 여러 나라의 경우, 유명 화가들의 미술품을 소장한 미술관들을 소유, 국가의 관광수익을 올리는 주축 역할을 해왔다. 이와 같이 대구시 등 지방자치단체들이 '이건희 컬렉션' 미술관을 유치, 관광산업으로 활용하려는 노력이 이어지고 있는 것. 고 이건희 삼성전자 회장의 유족들은 이건희 회장이 모았던 국내외 미술품들을 몽땅 국가-사회에 기증하는 절차를 밟았다"고 쓰면서 "'이건희 컬렉션'을 소위 국익(國益) 부강의 한 모델 인식, 다수의 지방자치단체들에서 유치하려는 경쟁이 이어지고 있다. '이건희 컬렉션'은 사회 일부로부터 재벌 가문(家門)의 미술품 매입(買入)-집합(集合)이라는 비판을 받아왔으나, 고 이건희 삼성전자 회장 유족들이 수집한 미술품 전부(2만3천여 점)를 국가와 사회에 헌납함으로써, 국가를 위한 '아름다운 문화 행동'이라는 쪽으로 인식이 변환됐다."라고 강조한 바 있다.

최근 문체부가 "이건희 회장 컬렉션을 한곳에 모은 이건희 기증관을 서울 용산이나 송현동에 짓겠다"고 발표한 이후, 여러 이론(異論)이 돌출되어, 미술계가 분열됐다.

조선일보 지난 2021년 7월 12일 자는 미술계 인사 677명 "이건희 기증관 원점 재검토하라" 제목은 기사에서 "미술계가 정부의 '이건희 기증관' 설립 계획을 비판하며 원점에서 재검토하라고 촉구했다"면서 "미술계 인사 677명이 참여한 '국립근대미술관을 원하는 사람들의 모임'은 오늘(7월 12일) 입장문을 내고 정부가 추진 중인 이건희 기증관에 대해 '시설의 성격이 모호할 뿐만 아니라 비전과 미션조차 분명치 않다'며 '정체불명의 새로운 통합전시관 건립을 철회하라'고 주장했다"고 전하고 있다. 반대 의견이 만만찮다.

이건희 회장의 유족들은 왜 이건희 컬렉션을 국가 기관에 헌납한다고 발표했을까? 그 많은 작품들을 모았을 때는 아주 어렵게, 많은 재화를 들여서 모았을 것. 유족들의 발표를 존중하니, 곧이곧대로 믿는다. 하지만, 대한민국 정부는 그 어떤 민간 기업이나 개인 작가보다 우월한 집단이다. 한 기업주가 평생 모은 예술품을 기증받은 정부의 입장은 어떠해야 하겠는가? 꼭 그 예술품을 기증받아야 하나를 고민해봐야 한다고 본다. 삼성전자는 한국 최대의 대기업이다. 그 기업이 이건희 컬렉션을 전시할 공간 하나를 만들지 못하겠으니까? 만들고 싶어 할 것이다. 그런 생각이 간절했기에 그 많은 작품들을 모았을 것이다.

유럽 여러 국가의 경우, 예술가 사후 100년 된 미술관들이 즐비하다. 그런 미술관들이 관광산업의 주축이다. 이런 견지에서 이건희 컬렉션을 전시할 미술관을 민간 기업이 건립하면, 후세에 더 빛날 수 있다고 본다. 정부는 이건희 컬렉션의 기증받음을 재고(再考)했으면 한다. 다시 돌려주었으면 한다. 그 미술-예술품들을 이건희 유족들에게 돌려주어 스스로 미술관을 건립, 국익에 기여토록 했으면 한다. 명분이 합당

할 때, 국가는 민간의 기증을 거부할 수도 있을 것입니다. 역발상(逆發想)을 제안한다.

고급문화는 각고의 노력 끝에 성장한다. 한국 정부는 국가문화의 고급화를 위해 국가가 민간(民間)을 위해 무엇을 할 것인가를 고민해야 할 때이다. 예술품을 민간에게 기증받는 수탈(收奪)형태를 벗어나야만 한다.

이후, 뒤를 이어 많은 예술가, 또는 예술 애호가─선호가들이 스스로 미술관을 만들도록 했으면 한다. 삼성전자 회장의 유족들이 미술관을 건립할 시 돈이 많이 들까봐 국가 기관에 떠넘기는 외양도 안 좋아 보인다.

이후 예술가들이 예술품을 국가 기관에 기증하면, 모두의 미술관을 국가가 건립해 주겠는가? 아닐 것이다. 형평성의 원리에 따라, 국가 기관이 그러하지 못한다면 이건희 컬렉션은 원래 기증자에게로 다시 돌려줘야 마땅하다고 본다. 오히려 국가 기관이 소장해 온 주요 예술품들을 개인 미술관 소유자들에게 대여, 수준 높은 미술관을 조성하는 반대 방안도 채택되기를 바란다. 개개인이 모두 잘 된다면, 국가는 자연스럽게 부강한, 강한 국가가 될 수 있다는 것을 지적한다.

세상에는 하나뿐인 명창(名槍), 또는 명검(名劍)이 있습니다. 예술품도 마찬가지일 것이다. 세상에 하나뿐인 것. 신비한 힘을 지닌 창과 명검에 관련된 신화가 전해져 내려온다. '롱기누스의 창'은 예수 사망과 관련이 있는 창이다. 네이버 지식백과는 "성스러운 창은 '롱기누스의 창'이라 불리기도 한다. 롱기누스라는 말은 성서에 기록된 '십자가에 매달린 예수의 옆구리를 창으로 찌른 로마 병사'의 이름이라고도 하고, 또

'창'을 의미하는 그리스어 '롱케'에서 온 말이라는 설도 있다"고 소개하고 있다. 예수 사망 이후 이 롱기누스의 창은 불멸의 창으로 알려져 있다. 부활한 예수는 롱기누스를 용서해줬다. 이 때문인지 롱기누스가 지녔던 이 창을 가진 자는 죽지 않고 언제나 승리한다는 믿음을 주는 창이었다.

2차 세계대전을 일으킨 히틀러가 오스트리아를 침공, 박물관에 보관돼 있던 이 '롱기누스의 창'을 소유하게 됐다. 히틀러는 그 창을 지니면 모든 전쟁에서 승승장구한다고 철석같이 믿었다. 그런데 미군이 2차 세계대전에 참전하면서, 이 창을 미군에게 빼앗겨버리자 히틀러는 자신이 패망에 이르렀다고, 그렇게 믿게 됐다. 미군은 지금도 그 롱기누스의 창을 소유하고 있어, 그 어떤 큰 전쟁이 일어나든지 승리한다는 속설이 전해진다.

지난 2005년에 개봉됐던 영화(감독=딕노리)인 '검투사 아틸라'는 서로마를 멸망케 한 훈족인 아틸라의 칼싸움이 웅장하게 펼쳐진다. 그는 그어떤 전투에서도 승리하는 신화를 가진 명검을 소유, 가는 곳마다 승리한다고 믿었다. 그는 서 로마군과의 전투 중에 명검이 부러졌고, 결국 부인을 만들려는 여인이 술에 타준 독에 의해 사망한다. 신비한 명검의 부러짐이 장수의 주검으로 이어졌다는 신화다.

이건희 컬렉션에 들어 있는 예술품들은 이 세상에 하나뿐인 예술품들일 것이다. 대부분 명품일 것이란 이야기이다. 그러하니 명품 대접을 받으려면 원래 수집자의 의도가 살아있었으면 한다.

한국은 자본주의 국가이다. 이건희 고 삼성전자 회장은 한국의 최고 부자다. 자본주의 국가, 그런 국가의 최고 부자에 대한 예우가 왜 이런

가? 왜 국가가, 그 부자가 평생 모았던 예술품들을 기증받아야 하나? 생각의 방향에 따라서는 "국가권력이 가져갔다"는 표현도 가능하다고 본다. 정부 기관은 대범(大凡)할 수 있어야 한다. 미술관 건립을 왜 정부가 떠안는지? 정부 기관은 대범하게 다시금 그 유족들에게 기증된 작품들을 돌려주셨으면 한다. 그 미술품들을 팔아먹지 못하도록 법적 장치만 마련하고.

〈2021/07/131〉

한국 기업의 거목 이건희 삼성전자 회장 타계…
"세계에 영향 미친 별이었다"

이건희 삼성전자 회장이 2020년 10월 25일 오전 사망했다. 이 날짜 중앙일보는 "이건희 회장이 숙환으로 세상을 떠났다. 향년 78세. 이 회장의 장례는 삼성전자와 유족들의 결정에 따라 가족장으로 치러진다"고 보도했다.

이어 이 신문은 이 회장의 업적에 대한 평가에서 "이 회장은 1987년 12월 1일 서울 호암아트홀에서 열린 회장 취임식부터 '초일류 기업'의 꿈을 다졌다. 당시 46세의 이 회장은 취임과 동시에 '제2의 창업'을 선언했다. 또 1993년 마누라와 자식 빼고 다 바꾸라며 근본적인 변혁을 강조한 '신경영 선언', 신경영 10주년인 2003년 '천재경영론', 2010년 '위기론', 취임 25주년인 2012년 '창조 경영'에 이르기까지 단 한순간도 변화와 혁신을 멈추지 않았다. 그 결과 1992년 세계 최초 64M D램 개발을 시작으로 삼성은 반도체, 스마트폰, TV 등의 분야에서 글로벌 1위에 올랐다. 이 회장 자신의 취임사대로 삼성을 세계적인 초일류 기업으로 성장시킨 것"이라고 덧붙였다.

고 이건희 회장은 삼성의 창업자인 이병철 선대 회장으로부터 경영을 이어받아 '삼성발전-개혁'의 선두에 섰었다. 그는 지난 1993년 6월 7일, 프랑크푸르트에서 신경영을 선언했다. "마누라와 자식 빼고 다 바꿔봐라"고 주문했다.

이에 대해 2020년 10월 25일 자 중앙일보는 "이 회장의 신경영 선언은 삼성의 변화로 이어졌다"고 평했다. 또한 "지난 2005년 이탈리아 밀라노에서 '제2 디자인 혁명'을 선포했다. 이 회장은 '삼성 제품의 디자인 경쟁력은 1.5류'라고 질타하며 '제품이 소비자 마음을 사로잡는 시간은 평균 0.6초다. 이 짧은 순간에 고객을 사로잡지 못하면 경쟁기업과의 전쟁에서 절대 승리할 수 없다'고 강조했다."고 소개했다.

고 이건희 회장은 나무에 비유하면 거목(巨木)에 해당한다. 그가 일궈놓은 경제적인 부(富)의 그늘아래 한국인들이 경제적인 혜택을 누리고 있기 때문이다. 삼성전자 스마트폰은 인류의 획기적인 소통에 기여했다. 한 마디로 그는 거목 같은 인물이었다. 삼성전자는 한국 기업에 신화를 안겨준 대기업이었으며, 글로벌 기업이기도 하다.

고 이건희 회장은 삼성전자 경영을 통해 반도체 신화를 확실하게 이뤄냈다. 삼성전자 매출은 설립 당시 3700만 원에 불과했다. 그러나 2018년 삼성전자 연 매출은 243조 원 넘어섰다. 당당하게 글로벌 기업으로 성장-발전한 것이다. 이는 한국의 5000년 역사 가운데 처음 있는 일이었다. 그는 삼성그룹이 지향했던 기업보국(企業報國) 이념을 완벽하게 실현해냈다. 세계 어디를 가더라도 삼성전자가 생산한 제품인 스마트폰, TV, 냉장고 등 생활가전들이 우수한 제품으로 사랑을 받고 있다. 인류의 진보된 생활 증진에 기여했다.

한국의 대다수 기업은 삼성그룹을 벤치마킹 해왔다. 기업혁신 등, 한국 기업문화의 발전에 기여한 것이다.

저자는 이건희 친형님인 이맹희 회장을 직접 만나 인터뷰한 적이 있다. 부산 해운대 자택에서였다. 이맹희 회장의 집, 하나의 방 안에는 삼성전자가 만든 제품이 수두룩하게 쌓여 있었다. 더러는 부서진 상품들도 많이 쌓여 있었다. 이맹희 회장(전 제일비료 회장)은 저자에게 "삼성전자가 만든 제품이 얼마나 우수한가를 날마다 시험한다"고 말했었다. "삼성전자가 만든 모든 전자제품을 사용해보고, 또는 떨어뜨려 보고, 모든 제품의 문제점들을 일일이 적어 동생(이건희)한테 건네준다"고 말했다. 당시 세간에서는 이맹희-이건희 두 형제의 불화설이 나돌았으나, 실제로는 두 형제가 힘을 합쳐 오늘날의 세계적인 범삼성가 대기업들을 만들어 냈다.

한국 기업의 거목이었던 고 이건희 삼성전자 회장의 명복을 빈다. 그는 세계에 영향을 미친 글로벌 경제계의 별이었다. 저세상에서도 인류의 가난 탈피와 한국 국운의 대 융성을 위해 일하시기를 빈다.

〈2020/10/25〉

삼성가 장자(長子) 고 이맹희 씨는 과연 비운의 황태자였을까?

1992년~1993년, 토요신문-일요서울 편집국장 시절이었다. 컴퓨터가 없던 시절이라, 신문제작을 위해 거의 날마다 밤늦은 시간까지 야근이었다. 이때 저자에게 행운이 날아들었다. 기자로서 만나기 어려운 재계 인물과 인터뷰할 기회가 만들어졌다.

이병철 삼성그룹 창업자의 큰아들 이맹희(1931년 6월 20일~2015년 8월 14일) 씨였다. 그는 '비운의 황태자'로 불리었다. 큰아들(장자)이었지만, 삼성그룹 후계자가 되지 못했다. 그러나 그는 1993 제일비료 회장, 1968 제일제당 대표이사 부사장, 1968 삼성전자 부사장, 1968 삼성물산 부사장을 지냈다.

야행성(밤에 일하고 낮에 잠자는)인 이맹희 씨가 밤 12시가 넘어 저자에게 전화를 걸어왔다.(그는 고 이건희 삼성그룹 회장의 친형이었다). 부산 해운대 자택으로 내려오면, 인터뷰를 해주겠다는 것이었다. 행운이었다. 삼성가의 내면을 생생하게 들을 수 있었기 때문이었다. 몇 번의 단독 인터뷰가

진행됐었다. 그때, 혹여 메모를 못 하게 할까 봐, 또는 기록으로 남기기 위해 일본에서 구입해 온 도청기를 몸 안에 숨기고 만났다. 별도의 녹음기도 주머니 속에 넣었다.

"이 회장님, 녹음기 가져왔는데 녹음해도 됩니까?"

"하십시오."

이맹희 씨는 화통하게, 녹음을 허락했다. 이때, 저자의 몸 안에서는 도청기가 빙빙 가동되고 있었다. 한때, 저자는 몸 안에 도청장치를 달고 다녔다.

저자의 지인(知人)인 손경찬 작가는 이맹희 회장 사망 직후 지난 2015년 8월 17일 "하늘 무너지는 슬픔 같다"는 조시를 남겼습니다. 손경찬 작가는 이맹희 회장의 비서실장으로 일했었다. 손경찬 작가가 이때 쓴, 애도 시의 전문은 아래와 같다.

「하늘 무너지는 슬픔 같다더니

마른하늘이 갑자기 흐려져서 비가 흩뿌리던 날 이 세상에서 가장 존경하는 거목, 한 분을 여의었으니 슬픔이 비 오듯 합니다. 삼성 가(家) 맏이로 세상의 이목을 받으며 살아오신 팔십여 생애는 때로는 화려해 보였지만 수행자 같은 고행의 길이요 고난의 시간이기도 했습니다.

어느 때는 깜깜한 거실에서 새벽이 다 되도록 해운대의 밤바다를 바라보며 한마디 말씀도 없이 불면의 시간을 보내었고, 또 어떤 때는 흰 갈기를 세우며 달려와서는 바윗돌에 부딪쳐 갈라지는 동해바다의 파도를 보시며 고뇌하시던 그 모습들도 다시는 볼 수가 없습니다.

전생에 저와는 무슨 인연이길래 함께한 십 년 세월 동안 회장님께서 자주 일러주신 말씀은 "손 군, 항상 최선을 다하거라" 그 말 한마디였습니다. 언젠가 어르신을 모시고 외국 땅, 아르헨티나에서 고생하던 5월 어느 날, 그때는 기분이 내키셨는지 인생 교훈을 들려주셨는데 쓴맛 듬뿍 배인 말씀이었습니다. "세상일은 매정하고 때로는 각박한 것이니 설령 이웃이라 하더라도 매사에 경계를 늦추지 말고 열심히 살아가야 한다"며 거듭 강조해주었습니다.

이맹희 회장님께서는 멀리 외국에 나와서 주야불철 당신을 위해 심부름하는 제가 힘들어할까 위로한 이야기 같지만 의미심장한 화두였습니다. 그때는 깨닫지 못했지만, 세월이 흐른 이제사 새겨보니 세상사가 만만치가 않고 호락호락하지 않다는 것을 에둘러 말씀하신 그 얘기는 세상 살아가는 지혜였습니다. 하지만 지금은 님을 여의고 하늘이 무너지는 슬픔 속에서 살아생전, 회장님의 넉넉함과 꿋꿋한 소신과 신의를 기리며 인생 그릇이 큰 별이셨음을 추모하는 애통의 시간입니다. 하오니 회장님이시여! 이생에서 겪은 갖은 일들을 하늘 멀리 날려 보내시고 편안한 혼령 되셔서 극락왕생(極樂往生)하십시오. 삼가 고인의 명복을 빕니다. 2015년 8월 17일. 님의 영정 앞에서 손경찬이 애도의 시를 바칩니다. 〈손경찬 작가〉」

손경찬 작가는 고 이맹희 씨를 회고하며 "세상의 일은 매정하고 때로는 각박한 것이니 설령 이웃이라 하더라도 매사에 경계를 늦추지 말고 열심히 살아가야 한다며 거듭 강조해주었다."고 회고했다.

고 이맹희 씨는 과연 세상에 떠도는 말처럼, 삼성그룹의 후계자가 되지 못한 비운의 황태자였을까? 저자의 견해로는 '아니다'라는 결론이다. 고 이맹희 씨는 일본에서 농대를 졸업, 오늘날 CJ그룹 식품산업을 그 당시에 기획하고 있었다. 오늘날 CJ그룹의 창업과 성공 기틀이 확실하게 다져진 것은 고 이맹희 씨 작품이었다. 그는 '비운의 황태자가 아닌, 거대 기업의 창업자였다. CJ그룹은 이병철-이맹희-이재현으로 이어지고 있는 셈이다. 이맹희 씨는 시대를 앞서간 선각적인 큰 인물-큰 기업인이었다.' 이맹희, 삼성가의 장남이 집에서 직접 구워줬던 양고기 맛이 그립다.

〈2021/03/25〉

김범수 카카오 의장
"한국 자본주의의 가능성을 보여줬다!"

한국의 3대 부자(개인)인 김범수 카카오 의장의 거액 기부 소식이 2021년 설 대목의 최대 이슈가 되고 있다. 그는 삼성전자 이재용 부회장, 현대차 정의선 부회장에 이어 제3위의 주식 자산가이다. 개인적으로 3대 부자인 그가 내놓은 기부 재산은 5조로 추산된다.

브레이크뉴스 2021년 2월 8일 자는 "김범수 카카오 의장 '재산 절반 기부할 것' 최소 5조 원 전망" 제하의 기사에서 "김범수 카카오 의장이 지난 2월 8일 재산의 절반 이상을 기부하겠다고 발표했다. 그의 재산은 주식만 10조 원가량 보유하고 있어 최소 5조 원이 넘는 규모를 사회를 위해 헌납할 것으로 보인다."고 보도했다.

김범수 카카오 의장은 이날 카카오 임직원에게 보내는 신년 카톡 메시지를 통해 "저도 지난 3월에 10주년을 맞아 사회문제 해결의 주체인이 되자고 제안 드린 후 무엇을 할지 고민이 많았다. 격동의 시기에 사회문제가 다양한 방면에서 더욱 심화되는 것을 목도하며 더 이상 결심을 더 늦추면 안 되겠다는 생각이 들었고, 앞으로 살아가는 동안 재산의 절반 이상을 사회문제 해결을 위해 기부하겠다는 다짐을 하게 되었다. 그 다짐은 공식적인 약속이 될 수 있도록 적절한 기부서약도 추진 중에 있다"고 밝혔다.

김범수 카카오 의장이 보유하고 있는 카카오의 지분은 13.74%(1217만631주)로, 주식 가치만 약 10조 원으로 추산된다고 한다. 김 의장은 이미 사회 공헌을 위해 활발히 기부해왔다. 그가 개인적으로 기부한 규모만 "현금 72억 원에 주식 약 9만4000주(152억여 원)"에 달한다는 것.

김범수 카카오 의장의 과거 행적을 뒤돌아보면, 지난 1966년 전남 담양군 수북면 두정리에서 태어났다. 김범수 카카오 의장의 부친은 서울로 올라와 막노동을 했다. 목공이다. 어머니는 식당 일을 하면서 살았다. 8식구가 힘들게 살았다. 김범수 카카오 의장은 어린 시절에 아르바이트로 고교를 졸업한 이후 서울대 공과대에 진학했다. 이 대학에서 학사 석사를 취득한 재원이다. 김범수 카카오 의장은 지난 2010년 카카오를 창업, 오늘에 이르렀다.

김범수 카카오 의장이 전남 담양 출신이란 것 때문에 호남 출향인(出鄕人)들의 자존심을 한껏 올려주고 있다. 출향인들에게 희망을 주고 있다.

이영일 전 의원(전남 출신)은 브레이크뉴스 2021년 2월 10일 자 "카카오 창업자 김범수 의장이 던지는 기쁜 소식" 제목의 글에서 "지난 2021년 2월 9일 아침 조간신문의 1면 기사가 눈길을 끌었다. 카카오 창업자인 김범수 씨가 앞으로 자기 재산의 절반가량인 5조 원 상당의 재산을 사회에 기부하겠다고 밝힌 것이다. 수조 원 단위의 개인 재산을 한국의 사회문제 해결을 위해 내놓겠다는 뉴스는 내 생애에 처음 듣는 뉴스"라고, 김범수 카카오 의장과 관련된 뉴스를 읽은 느낌을 전달하면서 "기부문화가 취약한 한국 사회에서 빌 게이츠나 워런 버핏 같은 거액을 사회에 내놓는 기업인이 탄생했다는 것은 정말 감축할 일이 아닐 수 없다"고 강조했다. 이어 "카카오 그룹이 창조, 발전, 도약을 꿈꾸지만, 그것을 이룩하는 데 꼭 필요한 인적, 경제적 네트워크 형성이 어려워 좌절하는 젊은이들에게 네트워킹의 길을 열어주는 백그라운드가 되었으면 하는 기대를 가져본다. 흙수저들이 믿고 의지할 파트너십을 카카오 그룹이 발휘해주길 기대하는 마음에서다"라고 덧붙였다.

신중식 전 의원(전남 출신)은 "5조 이상을 어렵고 힘든 분들을 위해 사회에 감사와 봉사 차원에서 환원을 하겠다고 선언했다"면서 "김범수 의장은 지난해에도 20억을 사랑의 열매인 사회 봉사단체에 쾌척한 데다 회사 임직원에게도 충분한 성과와 보상, 아들딸에게 각각 200여억, 친인척에게도 수억씩을 전해줘 진정한 노브레즈 오블리제(Noblesse Oblisee)의 산 징표로 자랑스럽다"고 했다.

김범수 카카오 의장의 선조들은 저자(브레이크뉴스 발행인)와 같은 고향 출신이다. 그의 선대가 한 동향이다. 그의 아버지는 저자의 동창으로, 담양군 수북면 수북초등학교를 졸업했다. 그리하여, 그 가문의 삶의 과정을 다 안다. 동병상련(同病相憐)이었다.

김범수 카카오 의장이 출신 성분은 민초(民草)였고, 일부 영남인들로부터 극심한 차별을 받아왔던 호남인(湖南人) 출신이었다. 그가 태어나고 자랐던 곳은 전통적인 호남의 농촌 지역이었다. 함께 어울려 농사짓고 살았던 농촌. 너른 평야가 마을과 맞붙어 있었다. 가난했던 마을, 그런

곳에서 낳고 자랐다. 김범수 카카오 의장은 넓고 평화로운, 공동체가 함께 더불어 사는, 평야 정신이 몸에 배어 있을 것이다.

김범수 카카오 의장의 어린 시절은 변변한 공장 하나 없는 가난함, 어디에도 기댈 때가 없었던 가난한 농부의 아들의 길이었다. 그가 한국의 최고 부자 반열에 오른 것은 그의 성공이기도 하지만, 한국 자본주의의 가능성을 말해주는 일대 사건이랄 수 있다. 그의 성공은, 모든 한국인에게 한국이 기회가 있는 나라임을 알게 해줬다. 모든 한국인에게 기회가 골고루 주어져 있다는 이야기이다.

민초 출신인 그의 성공은 영호남 차별의 철폐를 웅변하고 있다. 호남은 공장이 거의 없는 산업화 시대의 차별받던 지역이다. 지역적으로 낙후됐다. 그러나 글로벌 시대, 인터넷 시대가 되면서 그런 거대한 장벽이 무너졌다. 김범수 카카오 의장이 확실하게 증언하고 있지 않은가?

저자 고향 출신인 김범수 카카오 의장의 한국 최고 부자 등극과 통큰 기부는 그런 차별이 붕괴됐음을 말해주고 있다. 모든 한국인이 차별받지 아니하고, 차별 없이 경쟁해서 성공을 기약하는 희망의 시대에 살고 있다고 하겠다. 이는 올 설날의 굿 뉴스이다.

김범수 의장은 미국 사상가 겸 시인인 〈랠프 월도 에머슨〉의 '무엇이 성공인가'라는 시를 좋아한다고 한다. 소개합니다.

「자주 그리고 많이 웃는 것.
 현명한 이에게 존경을 받고 아이들에게서 사랑을 받는 것.
 정직한 비평가의 찬사를 듣고 친구의 배반을 참아내는 것.
 아름다움을 식별할 줄 알며 다른 사람에게서 최선의 장점을 습관처럼 발견하는 것.

건강한 아이를 낳든 한 뙈기의 정원을 가꾸든 사회 환경을 개선하든

자기가 태어나기 전보다

세상을 조금이라도 살기 좋은 곳으로 만들어 놓고 떠나는 것.

자신이 한때 이곳에 살았음으로 해서

단 한 사람의 인생이라도 행복해지는 것.

이것이 진정한 성공이다.」

〈2021/02/11〉

제5장

‘김대중 현상’과
‘허경영 현상’ 비교

신천지예수교회 신도 수 폭발성장…
과연 그 이유가 무엇일까?

한국 개신교단의 교세가 증가하고 있는가, 아니면 쇠퇴하고 있는가? 지난 2020년 이후 코로나19의 영향으로 개신교단 교회들의 모임이 원활하지 못했다. 그러하므로 교세 하강기에 접어들었다고 볼 수 있다. 국가에 의해 다중(多衆) 모임이 통제돼 왔기 때문이다.

이러한 때 신천지예수교 증거장막성전(이하 신천지예수교회)의 폭발적인 교세 증가가 이(異) 현상으로 나타났다. 신천지예수교회는 코로나19 초창기에 코로나19를 중국으로부터 이입, 전파시킨 교단으로 비난을 받았다. 그런데 최근 신천지예수교회의 활동을 보면, 교세가 급속 증가하는 양태이다.

신천지예수교회 측은 지난 2021년 9월 26일 자 보도자료를 통해 "이만희 총회장이 지난 8월에 이어 2021년 9월 25일 2차 온라인 말씀 대성회를 열고 예수 재림 때를 예언한 마태복음 24장의 숨겨진 뜻을 구체적으로 증거했다"고 알면서 "이날 열린 온라인 말씀 대성회에는 신자 1만 5천여 명이 참여했으며, 이중 약 700명의 목회자가 자리를 함께한 것으로 집계됐다. 지난달 14일 1차 말씀 대성회에서 신자 1만 4천여 명이 참여한 것을 종합하면 한 달 간격으로 열린 이만희 총회장의 2차례 온라인 말씀 대성회에 신자가 총 3만 명이 참여했다"고 전했다.

이 모임의 성격에 대해서는 "이 같은 관심은 이만희 총회장이 계시를 받은 과정과 신앙의 여정 등을 진술하게 밝히고 '예수님으로부터 받은 대로 요한계시록이 성취된 실상을 전하는 사명을 하고 있으니 확인해달라'고 호소한 데 대해 많은 이들이 호응한 것으로 풀이된다. 이만희 총회장은 이날 말씀 대성회에서 '소(小) 계시록'이라 불리는 마태복음 24장을 주제로 신앙인들이 궁금해하는 예수님 재림 때 일어나는 일들에 대해 예언서의 내용과 이루어진 실상을 제시하며 구체적으로 증거했다. 특히 주 재림 때 예언과 관련 성경에 기록된 각종 천재지변과 전쟁을 육적으로만 풀어 인류의 재앙이라 주장하는 일반 목회자들의 해석과는 달리 이 총회장은 종교 세계에서 이뤄지는 영적 비유임을 강조하며 그 실상의 증거를 성경을 통해 제시했다"고 강조하고 "이만희 총회장은 '예루살렘에서의 전쟁'을 주 재림 때의 징조로 언급하며 예루살렘이 단순히 특정 지역의 지명을 얘기하는 것이 아니라 '예루살렘은 하나님이 계신 곳을 의미하는 것으로, 이곳에서 벌어지는 전쟁은 세상의 전쟁이 아닌 영적 전쟁'이라고 설명했다"고 피력했다.

두 차례 대성회에서 주목할 점은 교회를 이끄는 사역자, 즉 목회자들의 관심이다. 지난 1차 대성회에서 1천여 명의 목회자가 참여한 데 이어 2차 대성회에는 700명이 참여했다. 총 1천 700명의 목회자가 이 총회장의 대성회에 참여했다는 것. 이만희 총회장의 2차례에 걸친 온라인 말씀 대성회에는 총 3만 명의 신자가 참여했다고 한다.

우리나라는 종교의 자유가 있는 나라이다. 종교에 의한 사회적 악행(惡行)이 없다면, 누구든 어떤 종교를 믿든지 자유이다. 코로나19의 전염이 많아지는 현실에서 종교 모임의 비대면이 장려되고 있다. 이런 중 신천지예수교회가 비대면으로 하고 있는 온라인 말씀 대성회는 신천지예수교회의 신도증가세를 간접적으로 증명해주는 종교 모임이 되고 있다.

그간 개신교단 측 일부는 신천지예수교회를 이단으로 여기면서 비판해왔다. 그러나 대다수 큰 종교는 이단의 과정을 거쳐 정통(正統) 교단화했다는 점에서 신천지예수교회의 이단 문제의 미래를 전망해볼 수 있다. 교단이 신도 수 증가에 따라 규모가 커지면, 이에 따른 교단의 책임감도 커진다고 본다. 기성 교단이든 신생 교단이든 덕화력(德化力)의 경쟁이어야만 한다.

코로나19가 기승을 부리는 가운데에도 신천지예수교회의 신도 수 증가 추세는 경이적(驚異的)이다. 신도 수가 급증하는 데는 이유가 있을 것이다. 그럴만한 내부의 기운이 내재돼 있을 것이다. 현재, 한국의 개신교단 교세는 하향하는 추세이다. 이런 가운데 신천지예수교회의 신도 수 증가는 개신교단들이 연구해봄 직할 사안이다. 신천지예수교회의 신도 수 급증, 과연 그 이유가 무엇일까? 기존 개신교단이 가지지 못한 신앙적인 감흥력이 있기 때문이 아닐까? 이만희 신천지예수교회 총회장은 "사람으로부터 배운 것이 아닌 예수님의 지시로 보고 들은 대로 성경을 증거하고 있다"고 말하고 있다.

〈2021/09/27〉

허경영 "내가 대통령 된다면,
그날 이명박-박근혜 특별사면하겠다"

인터뷰어는 지난 2021년 9월 13일, 허경영 국가혁명당 명예대표이자 차기 대통령 선거의 후보와 단독 인터뷰를 가졌다. 허경영 명예대표는 이 인터뷰에서 "제가 대통령이 된다면? 헌법을 바꿔서 전직 대통령은 살아 임기 동안에도 형사소추를 안 받지만 물러나서도 형사소추를 받지 않는다는 걸 명시할 것입니다. 헌법에. 왜 그러느냐면, 대통령의 통치행위를 법으로 따지자면 복잡하기 때문입니다. 그러잖아요. 옛날에 박정희 대통령이 비서실장을 북한에 보내 가지고 북한의 김일성 주석을 만나게 했습니다. 민간인 같으면 그것은 간첩행위지요. 그렇잖아요? 근데 그게 통치행위로 들어갈 때에는 아무 상관이 없지요. 그래서 우리가 북한에 돈을 퍼줬다 어쨌다 하는데, 대통령 통치행위에 들어가기 때문에 조용한 거지요. 국가정보원의 자금을 대통령이 썼다, 그게 뭐 법에 걸린다는데, 그건 대통령의 통치행위라 할 수 있습니다"고 강조하고 "대통령을 감옥에 집어넣는 민족은 망해요. 그러니까 내가 대통령이 된다면? 이명박 전 대통령이나 박근혜 전 대통령은 내가 대통령 되는 그다음 날 사면이죠. 사면복권. 사면복권 해드리고, 현 대통령이나, 그 어떤 대통령도 감옥에 잡아넣는 일은 두 번 다시 못 하도록 할 겁니다"라고 피력했다. 아래는 이날 인터뷰의 일문일답이다.

‒ **문일석 발행인** 국가혁명당 허경영 명예대표이신 허경영 대표님을 모시고 인터뷰를 갖도록 하겠습니다. 한민족 역사를 보면 정말 질곡의 역사입니다. 중국에 수백 년 종속국가였고, 가깝게는 일제시대 36년간 강점기 생활도 했고, 수백만 명이 살해된 6·25전쟁도 치렀습니다. 그런 가운데 짧은 시간 내에, 올해 처음으로 세계 10대 경제 대국에 들어왔습니다. 그래서 한국의 운명이 좋은 것 같습니다. 그래서 앞으로 한국의 운명이 어떤지에 대해서 허경영 국가혁명당 명예대표님께 여쭤보도록 하겠습니다.

▲**허경영 국가혁명당 명예대표** 허허허… 그래요. 한국이 글자 이름 그 자체가 ‘꼬레(core)'입니다. 꼬레는 핵이라는 뜻입니다. 핵, 그러니까 지구의 핵. 핵입니다. 그리고 서울은 그 핵의 서울(seoul)이 아니고 영혼(soul)이에요. 그러니까 소울=영혼, 혼입니다. 영혼이 지구의 영혼이 들어 있는 나라 지구의 핵 속에 지구의 영혼이 들어 있는 곳이 서울이에요. 그러니까 우리가 소울로 여기에 앉아 있다는 건 대단한 거예요. soul=소울, 우리가 서울이라고 발음하는 거 하고 같은 단어에요. 그래서 원래 서울은 지구의 영혼 영혼의 자리에요. 그래서 소울 그러는 거예요. 근데 사람들이 그걸 모르고 서울(seoul)이라고 쓰고 있는 겁니다. 내가 대통령 되면 그걸 고칠 겁니다.

‒ ‘하늘궁'이라고 쓰여진 큰 돌이 하나 있는데, 거기에 "세계통일 허경

영", 그렇게 쓰여져 있어요. 그걸 좀 설명해주세요.

▲그러니까 이제 우리 코리아가 꼬레(corea)가 영어로 핵이다. 핵이거든
요? 코레가. 그리고 우리가 고레=고려민족 고려라는 것도 꼬레에서
나온 말이에요. 고려는 뜨거운 핵이다, 고려(高麗)라는 말이 높을 고
자에 빛날 려자입니다. 빛이 열이 고도로 열이 난다는 뜻입니다. 원
자력발전소에 보면 고리원자력발전소 그게 고려란 말이야, 고려(高
麗). 높은 에너지가 나오는 곳, 빛날 려자가 에너지를 말하는 것입니
다. 높은 열이 나는 데가 한반도입니다. 한반도는 핵이거든요. 그 핵
에 또 서울에 영혼이 들어있어요. 그 핵의 영혼이 들어 있는 곳입니
다. 그러니까 내 이름에 허경영, 그렇잖아요. 경이 서울이 아니에요.
소울. 허락받는 영혼이 들어 있는, 세상을 편안하게 하는 영혼이 들
어 있는 사람이라는 뜻입니다. 그러하니 허경영이라는 이름이 간단
한 이름이 아닙니다. 또 동경 서경 남경 북경이 있지만, 서울은 서울
하나밖에 없는 것입니다. 나머지들은 그게 진짜 서울이 아닙니다. 핵
을 둘러싸고 있는 전자들이나 마찬가지지요. 위성 수도지요.

- 허경영 대표님이 만약에 인도나 중국이나 이런 데 태어나셨으면? 아
주 복잡해졌을 뻔했어요?

▲그럼요. 거기서 태어나지를 않지요.

- 한국에 태어나셔서 그나마. 하하하….

▲서울에 태어나면서 서울이라는 이름을 가지고 있잖아요. 서울 경자
=소울경, 서울 경자를. 서울이라는 말 자체가 소울이에요. 그래서 미
국 사람들이 우리의 말이 영어에 어원이 됐어요. 로키산맥이 있죠?
우린 그걸 락희(樂喜)라 그래요. 즐거울 락자-기쁠 희자. 락희인데 그

사람들은 럭키라 그러잖아요. 그게 럭키거든요. 발음이. 우리말이 먼저예요. 미국인들, 200년밖에 안 됐지만 우리는 이게 5천 년 된 민족이잖아요. 그러면 만 년 전에 만들어진 언어란 말입니다. 우리가 락희. 저거(미국)는 럭키. 아 똑같은 단어예요. 즐거울 락자 기쁠 희자 그 단어가 어디서 왔냐. 락희가 먼저 오래된 거란 말이에요.

- 말씀을 들으니 맞습니다~~

▲어. 서울도 마찬가지예요. 그러니까 우리는 민족의 정신이야. 우리의 언어 자체는 그 서양 사람들은 우리 한민족이 어떤 민족인가? 아직도 잘 몰라요. 고려라는 그 핵의 가운데 소울, 소울이 들어 있다. 영혼이 들어 있는 나라가 이 나라이고. 이 나라에 내(허경영)가 오게 되고, 이 나라가 분단이 될 때, 세계인들이 와서 전쟁을 한 나라입니다. 그런 나라는 이 나라밖에 없어요. 월남을 위해서 전 세계가 가서 싸우지 않았습니다. 서울이기 때문에, 여기가 잘못되면 그냥 큰일 나니까 서울로 몰려온 겁니다.

- 그러면 아무튼, 허경영 대표님이 한국에 태어나신 게 인도나 중국에 태어난 거보다 좋다는 말씀이신 거지요?

▲그런 데는 태어날 수가 없어요. 그런 데는 변방입니다. 허허허… 거기는 고래도 꼬레도 아니고 소울도 아니니까, 변방 중에 변방입니다. 그래서 한반도가 미래에 우리 아시아뿐만 아니라 세계를 통일하는 그런 나라라니까요. 소울이. 그러니까 여기에서 영혼의 소리가 나는 것입니다. 로마 유대 저쪽에 헬라어로 바람이라는 게, 바람을 헬라어로는 영혼이라 그래요. 바람을. 바람을 영혼이라 그러는데 그 바람이 인간의 목에 부딪쳐가지고 인간의 몸에 부딪쳐서 나오는 게 소리입

니다. 소울. 영혼이 인간의 몸에 부딪쳐서 나와서 귀로 들리는 게 그게 영혼이라니까요. 그래서. 바람을 헬라어로 영혼이라 부르거든요. 그러니까 바람이 인간의 목청에 와서 부딪쳐가지고 소리가 나는 것입니다. 그게 영혼의 소리입니다. 영혼이라고요. 그래 그걸 서양 사람들은 소울이라 그러잖아요. 그럼 우리말이 외국에 모든 걸 잡고 있는 것입니다. 어원이 우리 한반도에서 시작한 게 너무 많아요.

- 내년 2022년 3월 9일이 대통령 선거 날입니다. 무엇 때문에 대통령 선거에 출마하십니까? 어떻게 남북을 세계 최고로 만들 것인지, 그런 포부를 말씀해주시기 바랍니다.

▲이번에 대선에 붙으면 18세 이상은 전부 1억씩을 드리려고 합니다.

- 출산장려 정책으로?

▲아니에요. 18세 이상은 코로나19 긴급자금으로요. 18세 이상 국민 전부 1억씩을 주자는 것입니다. 국민이 아들딸이 18세 이상이 몇 명 있는 집은, 5명인 집은 한 5억씩 들어오잖아요. 한 사람당 1억씩 들어오니까 부부 2억에다가 자녀 3명만 있으면 5억이 들어오잖아요. 그리하면 가계부채가 거의 다 해결됩니다. 2천조가 해결이 됩니다.

- 그럼, 그 돈을 어떻게 충당하지요?

▲국가가 양적 완화를 해야지요.

- 대안으로?

▲2,000조 정도의 양적 완화를 해야 합니다.

- 미국은 양적 완화가 가능하지만, 우리는 돈을 맘대로 못 찍어내는데…어떻게 돈을 마구 찍어내지요?

▲대통령이 국채를 발행하니까, 그거는 돈 찍어내는 거하고 다릅니다.

- 대안을?

▲국채를 발행해서 한국은행이 그 돈을 받아서 확보하면, 은행에다 넣어줄 수가 있어요. 현금화가 가능합니다. 화폐를 찍어내는 게 아닙니다. 허허. 양적 완화입니다. 그러니까 그 돈을 국민들에게 나눠주면 국민들의 가계부채 2,000조 가운데 1년에 이자가 한 100조가 나갑니다. 그걸 안 내게 하는 거죠. 그런데 일본은 국가부채가 265%입니다. 우리나라는 국가부채가 40%입니다. 국가부채가 낮은 대신에 우리는 민간부채=가계부채가 높습니다. 100%니까요.

- 결혼하는 사람이 없어서 거기 태어난 아이들이 적으니까 국가가 서서히 소멸되고 있습니다.

▲그렇지요.

▲허경영 국가혁명당 명예대표가 지난 8월 18일 오후 경기도 고양시 행주산성에서 열린 20대 대통령 출마 선언 및 기자회견에 참석하고 있다. ⓒ뉴시스

- 그간 출산장려 정책 등 여러 가지 정책을 내놓으셨는데…

▲출산장려정책도 옛날에 내놨잖아요. 국민 1인당 지금 현재 1억 주는 거 하고, 그다음에 모든 18세 이상 월 150만 원 주는 거 국민배당금, 죽을 때까지 주지요. 그걸 주면 결혼할 수 있는 마음이 잡혀요. 부부에게 월 300만 원이 나오니까, 지금같이 남자가 결혼해서 실업자가 되어버리면 큰일이잖아요. 애를 낳다가 여자가 이혼도 못 하고, 이런 게 있을 수 있지만, 국민배당금이 결혼하는 데 굉장히 필요한 거예요. 월 150만 원씩 부부 300만 원이 나오면, 누구나 생활이 안정될 수 있습니다. 결혼하려면 남편이 돈이 없어도 국민배당금이 있다 보

면 재산을 별로 안 따져요, 여성들이. 상호 배당금이 나오니까 걱정이 없단 말입니다. 그다음에 결혼비용이 필요해요. 결혼하면 1억 주택자금 2억을 무이자로 줘요. 1억은 그냥 주고요. 그리하면, 결혼하면 3억이 생겨요. 그거 때문에 주택문제가 해결되고 결혼비용이 해결되겠지요? 그다음에 세 번째 출산하면 5천만 원을 줘요. 이게 전부 스리쿠션으로 매카니즘에 연결돼 있어요. 그러니까 저출산을 해결하려면 출산 때만 돈을 줘서 되는 게 아닙니다. 생활비도 안정권에 들어가게 해주고, 국민배당금으로. 두 부부 3백만 원, 그다음에 결혼비용도 3억, 주택문제도 해결돼요. 이러니까 결혼할 수가 있게 되겠지요. 저출산 정책도 간단한 정책이 아닙니다. 우리 정부의 금년도 저출산 예산도 45조입니다. 국방예산이 50조입니다. 있을 수 없는 정책입니다. 45조, 아니 450조를 들여도 결혼을 안 해요. 시리즈로 해줘야 돼요. 생활비, 국민배당금, 150만 원씩 월 300만 원 나오고, 그다음에 주택자금으로 결혼을 하면 3억 원을 주고, 애를 낳으면 5천만 원을 지급합니다. 이렇게 시리즈로 하면 결혼을 하겠지요. 애를 낳습니다. 그래서 함부로 출산출산 하면 안 됩니다. 출산정책을 하려면 국민배당금을 1차 줘야 돼요. 먼저 처음에 빚을 갚아 줘야 돼요. 1억, 1억 원의 빚을 갚아주고, 그 빚이 없어져야 결혼을 하는데, 신혼집에 막 돈 받으러 쫓아오면 어떻게 돼요? 그러니까 젊은이들에게 먼저 1억을 줘서 빚을 다 갚도록 해야 합니다. 그다음에 국민배당금을 월 150만 원씩 줘야 됩니다. 생활 안정이 먼저 돼야 합니다. 그다음에 세 번째로 결혼을 하게 되면 3억 원을 줘요. 결혼비용이 안 들어갑니다. 네 번째로 애를 낳으면 5천만 원을 줘요 이렇게, 시리즈로

지원을 해주면 결혼을 하게 된다는 겁니다. 알겠지요?

– 어쨌든 허경영 대표님, 국가혁명당 대통령 후보님의 정책이 현실화 됐으면 좋겠다는 생각입니다. 인구를 늘리려면 이민정책을 개방, 미국처럼 다민족국가로 가면 안 될까요?

▲아니, 그건 아닙니다. 그건 아닙니다. 지금 가만히 있어도 다민족국가가 돼가고 있어요. 지금 지방에 가면, 전부 결혼하기 위해서 외국 여자를 데려와 가지고 다민족 아이가 우리 순종 아이들보다 더 많아요.

– 그러면 다민족 이민정책을 선호하시나요, 거부하시나요?

▲아니 그러니까 지방에 가면, 선호하든 안 하든. 학교 초등학교에 다민족 아이가 더 많은 실정입니다. 그러니까 우리나라 순종 아이들이 왕따를 당해요. 엄마 아빠 중 하나는 해외 여러 국가에서 온 엄마, 뭐 이런 식으로 되어 가지고 엄마 아빠가 순종 한국 사람인 아이는 얼마 되지 않아요.

– 이민을 받아들이는 게 좋겠다는 말씀이신가요?

▲아니죠, 아니에요. 가만히 있어도 다민족화가 되어 가고 있다니까요. 받아들이고 안 받아들이고 없어요. 그냥 가만히 그냥 놓아둬도 돼요. 외국의 여자들이 한국에 들어와서 결혼하게 되어 다민족국가가 되고 있다니까요. 지금 거의 다 됐어요.

– 예 알겠습니다. 근데 한국이 두 번째로는 경제 대국이긴 하지만 동아시아에서 제일 정치 선진 국가입니다. 중국은 중국공산당, 자기들만이 하잖아요. 일본도 내각책임제하에서 국민이 그 시민이 대통령을 직접 못 뽑습니다. 한국은 민주화 투쟁의 과정을 거쳐서 국민 모두가 대통령을 뽑습니다. 그래서 정치체제가 가장 민주화가 되어 있습니

다. 그래서 한국이 허경영 대표님 말씀대로 동아시아에 최고 강한 민주국가가 될 것 같은데… 그 점에 대해선 어떻게 생각하십니까?

▲한국은 현재 민주주의 체제로, 민주주의 체제로 이대로 간다 해도 얼마 못 가서 사라지게 돼요. 그래서 제도를 중산주의로 바꿉니다. 사람들은 그걸 몰라요. 중산주의는 모든 국민이 중산층이라는 것입니다. 태어날 때부터 보장을 받는 거예요. 무슨 말이냐 하면, 헌법 1조에 대한민국 국민은 18세부터 매월 150만 원의 국민배당금을 받아 중산층의 생활을 보장한다, 이렇게 하자는 것입니다.

− 그러면 기왕이면 상류층으로 만들어버리면 되잖아요. 국민 100%를…

▲안되죠. 무슨 말이냐 하면? 중산주의는 중산층을 보장하자는 주의입니다. 상류층이라는 단어가 존재하지가 않아요. 무슨 말인지 모르겠습니까? 그건 있을 수 없는 말이에요. 이 중산층이 있다는 것은 상류층이 있다는 뜻이거든요? 정상적으로 볼 때 중산층까지만 되면… 못난 사람이나 어리석은 사람이나 여러 가지 장애인이나 여러 가지 사람이 있잖아요? 이 사람들이 중산층의 생활을 국가가 보장해 주는 거예요. 국가가. 무조건 헌법에서 중산주의를 보장해 주자는 거지요. 국가가 전부 상류층을 만들겠다, 이거는 존재할 수가 없습니다. 무슨 말씀인지 아시겠죠?

− 네 알겠습니다. 허경영 대표님이 지금 최초로 결정된 대통령 선거의 후보이신데 좋은 공약이 있으면 이번 기회에 소개시켜 주십시오.

▲제 공약이 조금 전에 이야기한 게 그게 답니다. 33가지입니다. 그중에서 대표적인 것이 코로나19 긴급자금 1억 원을, 대통령이 되면 두

달 안에 주겠다는 것입니다. 양적 완화로. 대통령이 당선되면 첫 번째 책상에 앉아서 결제하는 게 양적 완화입니다. 2,000조를 발행해서 국민 18세 이상 1인당 1억을 주자는 것입니다. 바로 두 달 안에 다 줘요.

– 허경영 대표님의 공약을 일부에서는 비난합니다만…

▲그거는 중요한 게 아닙니다. 그다음에 국민배당금을 150만 원씩 주겠다, 결혼을 하면 3억 원을 주겠다, 애를 낳으면 5천만 원을 주겠다, 그다음에 전국 교도소를 90% 줄이며 벌금제로 대부분을 돌린다, 아주 중범자들은 감옥으로 가고 웬만한 범죄자들은 벌금으로 처리한다, 이래서 국가에서 죄수들을 감옥에 가둬놓고 먹이고 입히고 재우고 안 하겠다, 무슨 말인지 알겠지요? 그 사람들이 자기들이 가진 돈으로 벌금을 내고 몸은 자유롭게 하려 합니다. 교도소에 들어가는 비용도 만만찮죠. 법무부 예산도 연간 2조가 들어갑니다. 국가 예산도 많이 줄여야 합니다. 1조 정도 줄일 수가 있어요. 통일부를 없애고, 여성가족부를 결혼부로 바꾸자는 것입니다. 통일부는 취업부로 바꾸고요. 정부의 각 부처를 민생 위주로 편성하자는 것입니다. 그다음에 제 공약 중에 국회의원은 100명으로 하자는 정책이 있습니다. 무보수, 명예직, 후원금은 못 받아요. 국가를 위해서 봉사하겠다는, 자기 생활 능력이 있는 사람만 나와야 돼요. 국회의원이 돼서 밥 빌어먹겠다면? 절대 나오면 안 돼요. 그런 사람은 우리 국민이 원하질 않아요. 무슨 말인지 알겠지요? 그다음에 지자체 그대로 두되 월급이 없어요. 단체장은 대통령이 임명해야 합니다. 단체장 선거를 없애자는 것입니다. 선거를 한번 하는데 1조가 들어갑니다. 국가 예산으로 정

당들에게 500억 원씩을 대주거든요. 선거 때마다. 여야 후보들에게 500억 원씩을 줘요. 정당에. 그것도 없애요. 정당 지원금을 받는 나라는 우리나라뿐입니다. 전 세계에서. 이거 없애겠다는 것입니다. 정치혁명이죠. 이렇게 해서 33가지 정책이 있습니다.

그다음에 뭐가 있냐면? 수능시험을 폐지하겠다, 한 과목만 중학교 1학년 때부터 고등학교 졸업할 때까지 모의고사를 자기가 원하는 거 하나만 보게 하자는 것입니다. 하나만 봐가지고. 6년간 모의고사 본 점수의 합계가 수능점수입니다. 무슨 말인지 이해가 가지요? 징병제는 없어지고 모병제로 바꾸자는 것입니다. 논산훈련소에 여자와 남자가 똑같이 한 달간은 훈련을 받게 하자는 것입니다. 여성도 예외가 없어요. 그다음에 중환자든 어떤 병에 몸에 이상이 있는 사람도 와서 훈련은 다 받아야 됩니다. 훈련은 일단 다 받습니다. 훈련을 받아서 수류탄 투척 등 기본적으로 총을 쏘는 법 등을 배워야 합니다. 여성들도 이스라엘처럼 한 달간은 훈련을 받는 거예요.

- 그러면 지금 시간이 없어서 현실문제 질문을 좀 들어가도록 하겠습니다. 최근에 안상수 국민의힘 대선 예비후보였던 전 인천시장을 만나셨습니다. 그분과 두 차례 회동을 해, 많은 사람들이 많은 박수를 보내주고 있는 것 같습니다. 그 회동 잘하시고 또 두 번 걸쳐서 하셨는데 주로 나누신 얘기나, 만나보시니까 어떻습니까?

▲인천대교는 세계에서 여섯 번째 가는 대교입니다. 인천대교를 직접 기획하고 그 짧은 두 번의 임기 기간에 그 1조 5천억 원이라는 해외 그 투자자들이 투자를 받아서 시 예산은 안 들어가고 다리를 건설했습니다. 영종도 공항은 그 세계의 최고공항입니다. 그 공항을 가는데

세계 최고의 다리가 옆에 있는 거예요. 신속히 갈 수 있다는 거예요. 옛날에 두 시간 걸려서 가야 되는데 그거 그냥 20분 만에 그냥 영종도 섬에 도착한단 말입니다. 국가에 기여한 게 어마어마한 분이에요. 1600만 평에 달하는 송도를 개발했습니다. 바다에서 토지를 만들어 내 가지고, 거기에다가 쓰레기를 버리면 자동으로 땅속으로 흡입되어서 정리되는 거예요. 그분의 상상력은 대단해요.

– 두 분 회동으로 뭘 얻으셨는지요?

▲안상수 전 인천시장은 경기고등학교, 서울대를 졸업해서 기업에 들어가신 분입니다. 말단사원에서 사장까지 지내셨어요. 기업경영의 노하우를 배우셨어요. 그러면서 한나라당–신한국당에 들어가서 지금까지 27년간 그 당에서 국회의원을 세 번 하고, 인천시장도 두 번이나 하고, 30년이라는 긴 기간을 정치인으로 또 행정가로 뭐 두루두루 경험을 하신 분이잖아요. 그런 정치인이 필요하겠지요. 상당히 감동을 받았지요.

– 그러셨군요. 계속 회동이 이어지기를 바라겠습니다. 전직 대통령이신 이명박 전 대통령님하고 박근혜 전 대통령님이 지금 이 시간에도 감방에 계십니다. 그분 그분을 꺼내려면 대통령의 사면권 행사밖에 없습니다. 뭐 아니면 돌아가셔서 나오든지… 어떤 입장이십니까?

▲제가 대통령이 된다면? 헌법을 바꿔서 전직 대통령은 살아 임기 동안에도 형사소추를 안 받지만 물러나서도 형사소추를 받지 않는다는 걸 명시할 것입니다. 헌법에. 왜 그러느냐면, 대통령의 통치행위를 법으로 따지자면 복잡하기 때문입니다. 그러잖아요. 옛날에 박정희 대통령이 비서실장을 북한에 보내가지고 북한의 김일성 주석을

만나게 했습니다. 민간인 같으면 그것은 간첩행위지요. 그렇잖아요? 근데 그게 통치행위로 들어갈 때에는 아무 상관이 없지요. 그래서 우리가 북한에 돈을 퍼줬다 어쨌다 하는데, 대통령 통치행위에 들어가기 때문에 조용한 거지요. 국가정보원의 자금을 대통령이 썼다, 그게 뭐 법에 걸린다는데, 그건 대통령의 통치행위라 할 수 있습니다. 대통령을 감옥에 집어넣는 민족은 망해요. 그러니까 내가 대통령이 된다면? 이명박 전 대통령이나 박근혜 전 대통령은 내가 대통령 되는 그다음 날 사면이죠. 사면복권. 사면복권 해드리고, 현 대통령이나, 그 어떤 대통령도 감옥에 잡아넣는 일은 두 번 다시 못 하도록 할 겁니다.

– 저 개인적으로는 평양역과 서울역에 기차가 자유 왕래했으면 좋겠다는 생각입니다. 남북이 통일하는데 시간이 걸린다 하더라도 교류와 인적자원의 교류는 가능할 것 같아요. 상대국 여권을 가지고 간다든지….

▲ 너무나 이상적인 건데요. 우리 남북한은 말이죠, 아시아 통일이나 세계통일이 되기 전에는 그런 식으로 가까워져 가지고는 위험합니다. 적화되기 십상입니다. 왜 그러냐면? 우리는 미국에 용병을 데려다 쓰는 나라예요. 해외 미군이라는 사람들을 돈을 주고 데려다가 우리나라를 지키고 있잖아요. 거기에 의존해서 우리는 지금 여기 살아있는 거예요. 돈을 주고 데려온 용병을 쓰는 국가란 말이에요. 미군은 지금 우리한테 용병 역할을 해주고 있어요. 자기들이 맘에 들어서 와서 근무하는 게 아닙니다. 자기들의 군대 비용을 지불하면 자기들이 있고. 지불 안 하면 언제든지 갈 수 있는 용병입니다.

아프가니스탄과 월남은 미군들한테 용병료를 주지 않습니다. 그 사람들은 그냥 일방적으로 자기들이 필요하니까 들어가 있던 나라니까 일방적으로 철수하게 된 거지요. 그런데 우리나라는 자기들의 군사비를 우리가 지불하니까, 주한미군 주둔비를 우리나라가 주기 때문에 우리의 용병입니다. 우리의 안보는 사실상은 용병으로 이어지고 있어요. 그런데 우리가 북한하고 함부로 우리가 정치적으로 가까워지거나 고려 연방이라든지 이런 걸 잘못해버리면 이 용병을 쓸 수가 없어요. 법적으로는 연합군도 있을 수가 없어요. 그럴 때는 예멘처럼 공산화가 된다, 월남처럼요. 우리나라가 주의해야 될게 있습니다. 민간교류는 활발하게 남북이 해도 됩니다. 남북한의 경제 차이가 40대 1인데, 나중에 3대 1 정도 될 수 있게 될 때, 그 정도가 된다면 서로 남북이 기차가 왔다 갔다 하고 교류를 할 수 있을 터인데, 만약에 우리가 지나치게 철도를 연결하고 뭐 지나치게 북한과 심한 그런 걸 하다가는 한반도는 없어진다고 봐야죠. 불을 보듯 뻔한 겁니다. 그래서 우리 한국 안보를 간단하게 볼 수 없어요. 세계에서 제일 복잡한 안보를 해야 된다는 것입니다. 단순한 사람들에게 안보를 맡겨놨다가는 큰일 나는 겁니다.

– 지난 2년 동안 코로나19 때문에 정말 자유로이 활동도 못 하고, 고통스러워하는 소상인들이 너무 많습니다. 결론으로 이분들에게 희망을 주는 말씀을 해주십시오.

▲내가 대통령이 되면, 2개월 이내에 모든 18세 이상에게 1억을 주니까 소상공인들이 하루에 하루아침에 몇억은 들어오잖아요. 굉장한 겁니다. 또, 월 150만 원이 나오잖아. 그러니까 그동안 권리금 날린

거, 보증금 날린 거, 집세 날린 거, 인건비 장사도 안되는 거, 종업원 인건비 준 거, 날린 거, 다 보상이 되는 거예요. 그러잖아요? 소상공인들은 오는 2022년 3월 9일을 기다리면 됩니다. 2022년 3월 9일을 기다리면 앞으로 희망이 있을 겁니다.

‒ 네 오늘 허경영 대표님과의….

▲누구도 어떤 정치인도 화끈하게 그걸 해결해줄 사람 없어요. 그거 지금 돈은 3억 손해 봤는데 준다는 게 1~2백만 원이에요? 그거. 그거 가지고 해결이 됩니까? 이자도 안 돼요. 이자도 안돼? 나는 그런 일 안 합니다. 화끈하게 박정희 대통령처럼… 딱 그냥, 사채동결. 이걸로 끝내는 겁니다. 네 무슨 말인지 알죠? 국민의 가계부채 2천조 그냥 해결해버려요. 간단하게….

‒ 오늘은 그 서울 근교에서 가장 공기가 맑은 '하늘궁'에서 이렇게 좋은 인터뷰를 가졌습니다.

〈2021/09/20〉

대한민국 웅비(雄飛)를 위해 필요한
새로운 시각을 모색해본다!

글을 쓰는 사람이 있다면? 그 글 쓰는 사람에게는 자기만의 시각이 있을 수 있다. 저자 역시 변두리 언론에서 평생을 보냈지만, 저 자신만의 시각(視覺)이 만들어졌다고 말할 수 있다. 굳이 표현해야 할 이유가 있을까? 이를 고민해봤다. 있다고 결론을 내렸다. 최근 페이스북에 올렸던 짤막했던 저자의 글을 중심으로, 저자의 시각을 약간이나마 노출시켜 보려 한다.

○ …한민족 문화부흥 시대에 관하여=저자는 향후 '한민족 문화부흥 시대'가 활짝 열릴 수 있다고 생각한다. 프랑스에서 제작된 영화 '빠삐용'은 1930년대 초, 프랑스 기아나 교도소에 수감됐던 앙리 샬리에르가 쓴 원작을 영화화한 것이었다. 원작 소설이 1,300만 부나 팔린 베스트셀러 작품이다. 한민족은 1910년부터 1945년까지 45년간 일제 강점기, 1950년~1953년까지 3년간 민족 내전을 치렀다. 이어 남한의 경우, 1961년 5월부터 1993년 2월까지는 박정희-전두환-

노태우 등 군사쿠데타 출신 장군들이 지배했던 철권 압제정치 시대를 경험했다. 외세 식민지, 민족 내전, 군사쿠데타 통치시대 등으로 인해, 정치-이념적인 이유로 억울하게 사망하거나 교도소 수감생활을 경험했던 이들이 많았다. 한민족사 내부에는 영화 '빠삐용'처럼, 좋은 영화를 만들 시나리오 감이 많을 것이다. 남과 북이 공통으로, 즉 한민족이 탄압받았던 내용을 영화화, 세계인을 감동시킬 소설-시나리오 등 연극-영화 등의 소재발굴에 관심을 가질 때이다. 민족의 고통을 예술로 승화시키면, 한민족 문화부흥 시대가 열릴 수 있다고 생각한다.

○ …고래여, 큰 고래여…어서, 태평양 한가운데로 헤엄쳐 나가보게 나~=서울 종로구 인사동 입구가 재개발되고 있다. 오래된 건물들을 헐어내고 있다. 그 바람에 오래된 식당들이 문을 닫았다. 저자가 가끔 갔던 한식당 '천둥소리'도 문을 닫았다. 그 집에 장식물로 걸려 있던 커다란 나무 톱 2개를 구입해서 임경숙 화가께 선물했다. 임 화가님의 작품 소재가 될 수 있을 것 같아서였다. 그런데 임 화가께서 그 거대한 나무 자르던 톱을, 그림 그리는 과정에서 '고래'로 변신(그림 사진 참조) 시켰다. 고래 그림 두 점 가운데 한 점이 저자의 소유가 됐다. 예리한 톱날을 고래 배 아래의 예리한 비늘로 변신시킨, 고래 그림이다. 이 그림을 소재로 시를 써봤다.

고래여, 큰 고래여

높다란 산에서

또는 나이든 목공이 운영하던 나무 공장에서
큰 나무들을 쓱쓱 베어온 톱날아

이제, 그림 속에서 고래가 되었으니
넓고 넓은 태평양으로 나아가 봐

나에게 그림이 되어 되돌아온
큰 고래여
힘을 좀 써보게 나!

푸푸, 거센 해양 물살 가르며
태평양 한가운데로 헤엄쳐 나가보게 나~

고래여, 한 많은 민족의 한을 풀러
우리와 함께 푸른 파도 부딪치며

대양으로, 어서어서 물살 가르며 나아가 보세.

〈2021.5.31.〉 −졸시 「고래여, 큰 고래여」 전문

반도 국가인 대한민국은 태평양 건너의 미국 등과 긴밀한 교류와 협력을 통해 국력을 신장시켜야 한다. 바닷속의 왕 고래처럼, 미래로 달려 나아가야 한다.

○ …정대철 전 새천년민주당 당 대표님…남북정치 시대에 큰일을 하

시길…=지난 2021년 5월 31일 저녁, 서울 종로구 인사동에서 정대철 전 새천년민주당 당 대표님과 저녁을 함께했다. 정 대표님은 서울대-미주리대, 미시간대를 졸업한 엘리트(박사) 출신 정치인이다. 김대중 전 대통령의 후견인이셨던 정일형-이태영 박사의 자제로, 명가문 출신이다. 저자와는 지난 2008년, 당 대표가 되셨을 때 첫 번째로 인터뷰를 한 인연이 있었다. 정대철 대표님, 학문+정치적 지혜를 갖추신 원로정치인으로, 본격적으로 다가올 남북정치 시대에 큰 역할을 하셨으면 한다. 부채에 '화의죽정(꽃에는 의도가, 대나무에는 정)'이란 글을 써서, 저자에게 선물해줬다. 우리는 가까이 다가오고 있는 남북정치 시대를 준비해야만 한다.

○ …한국 정치는 이제 구(舊)시대의 낡은 틀에서 벗어나야만 한다!=저자는 브레이크뉴스 2021년 5월 25일 자 "한국 정치는 이제 구(舊)시대의 낡은 틀에서 벗어나야만 한다!"는 제목의 글에서 "문재인 대통령과 미국 조 바이든 대통령 간 한미정상회담이 지난 5월 21일 열렸고, 저녁 5시 50분경(현지시각) 백악관 이스트 룸에서 공동기자회견을 가졌다. 이 자리에서 한미 공동성명이 발표됐다"면서 "한미 공동성명에서 언급된 ▲인도-태평양 지역 안보 환경 ▲코로나19 대유행으로부터 기후변화 위협에 이르는 생존 위협 문제 ▲지역 및 세계 질서의 핵심축 ▲한국과 미국은 국내외에서 민주적 규범, 인권과 법치의 원칙이 지배하는 지역에 대한 비전공유 ▲우리는 새로운 시대에 발맞춰나가겠다는 결의 등등의 언급은 파격적이다. 그냥 언어적인 묘사만은 결코 아닐 것이다. 미국-중국 간의 새로운 경쟁 시대에서 한국의 국제적 위상의 크게 격상된 것만은 사실이다. 한미 공동성명

내에 등장하는 이런 표현들을 보면, 한국 정치가 국내에만 머무를 수 있는 안이한 시대는 이미 지났다고 표현할 수 있다"고 지적했다. 이어 "한미 공동성명은 한국 정치가 향후 어떻게 변해야 할지를 시준(視準) 해주고 있다고 하겠다. 경제적으로 크게 성공한, 또는 민주주의를 성공시킨 한국이 해야 할 국제사회 속의 정치시대가 새롭게 열리고 있기 때문"이라고 덧붙였다.

○ …동북아 중심언론을 지향하는 브레이크뉴스=저자는 브레이크뉴스 지난 2021년 5월 1일 자 "동북아 중심언론 지향 브레이크뉴스 '4월 방문자 1천2만 명-페이지뷰 1천106만 꼭지'" 제하의 글에서 "한국 인터넷 언론 매체 중 상위 매체로 확고하게 자리 잡은 브레이크뉴스의 미래 비전, 즉 미래로 향(向)하는 지향점은 남북관계가 호전되어 남한 매체의 북한 상륙이 허용됐을 시 평양에 진출, 동북아시아의 중심언론으로 발전하는 것이다. 이런 꿈을 꾸며 열심히 노력할 것이다. 미래와 세상에 필요한 언론의 자리를 확보하기 위해, 쉼 없는 노력을 기울이겠다"고 강조했습니다.

위의 글들에는 저자의 시각이 조금이나마 담겨진 글들이다. 웅비(雄飛)하는 대한민국, 더 큰 시각, 특출난 새로운 시각을 가져야 한다고 생각한다. 저자의 이 글이 새로운 시각을 가지려 노력하는 분들에게 참조가 되었으면 한다.

〈2021/06/02〉

대한민국 정치권의 신드롬
'김대중 현상'과 '허경영 현상' 비교

한국의 현대 정치사에는 '김대중 현상'이란 게 있다. 일종의 정치 신드롬(syndrome=증후군)이다. 김대중(1926~2009) 전 대통령은 1971년 대선에 출마, 5·16 군사쿠데타로 집권했던 박정희 전 대통령과 경쟁, 낙선했다. 그 뒤 한국의 민주화 투쟁 전면에 섰었다. 끈질긴 투쟁 끝에, 1997년 12월 대선에서 승리했다. '김대중 현상'이란 군사정권과 정면 투쟁에서 승리했다는 것을 뜻한다.

지난 2020년 4월 7일 서울시장 후보에 출마했던 허경영 국가혁명당 전 서울시장 후보에게도 '허경영 현상'이란 꼬리표가 따라다닌다. 그는 이미 대통령 후보를 역임했다. 지난해 치렀던 4·15 총선 때는 다수 후보를 공천, 선거판을 요동치게 했다. 지난 2020년 4·7 서울시장에 출마했던 허경영 국가혁명당 후보는 비록 낙선했지만, 또다시 선거판을 뒤흔들었다. 지난 서울시장 선거전에서는 세인(世人)들의 시선을 모아 '허경영 현상'을 각인시켰다.

'허경영 현상'이란 과연 무얼까? 그 첫째는 서울시장 후보군 가운데 세금을 제일 많이 납부했다는 사실이다. 본지는 지난 3월 22일 자 "허경영 국가혁명당 서울시장 후보 기호 7번 '세금납부액 1위'" 제하의 기사에서 "지난 3월 19일 중앙선거관리위원회가 선거통계시스템에 공개한 후보들의 재산, 병역, 납세 등의 정보에 따르면 허경영 대표는 19억 714만2천 원을 납세한 것으로 드러나 국민의 4대 의무 중 하나인 납세의 의무를 성실히 이행한 것으로 밝혀졌다. 이는 서울 및 부산시장선거에 등록한 21명의 후보 가운데 가장 많은 액수로 주목을 끌고 있다"고 전하면서 "허경영 대표는 72억6224만 원의 재산을 소유하고 있는 것으로 나타났다. 본인 소유의 경기도 양주시 장흥면 땅과 건물이 각각 129억8534만 원, 90억7597만 원으로 공개됐다"고 소개했다.

'허경영 현상'의 두 번째 현상은 선거 구호가 세인(世人)들의 입에 오르내렸다는 것을 들 수 있다. 지난 서울시장 보궐선거 때 내건 허경영의 선거공약은 아주 특별했다. 허경영 전 서울시장 후보가 제출한 후보등록 서류에는 "나라에 돈이 없는 것이 아니라 도둑이 많다"라고 적혀 있었다. 국가혁명당 김동주 기획조정실장은 "허경영 국가혁명당 서울시장 후보가 내세운 '나라에 돈이 없는 게 아니라 도둑이 많다.'는 구호가 해당 보궐선거 지역인 서울과 부산뿐 아니라 전국적으로 LH 사태 등 부정부패에 대한 국민적 공분(公憤)을 불러일으켰다"고 진단했다.

허경영 국가혁명당 서울시장 후보는 지난 서울시장 선거에서 3위로 낙선했다. 그 후의 반응이 미묘했다. 김동주 국가혁명당 기획조정실장은 4월 14일 중앙당사에서 "국가혁명당은 선거 이후 오히려 국민들의 격려와 응원이 더 빗발치고 있다"면서 "일부 유력한 언론에서도 보도

됐듯이, 기성 정치에 대한 정치 혐오와 국민배당금제에 대한 파격적 공약에 대한 기대로 내년 대선(大選)에서는 사표(死票) 심리에 얽매이지 않고 허경영을 찍겠다"라는, 민심을 전했다.

'허경영 현상'의 세 번째는 '연애 공영제' 등, 상상을 현실화하는 퍼주기 공약들이었다. 연애 공영제 실현을 위한 연애 수당 제공 또는 결혼 후 큰돈을 주겠다, 상속세 폐지 등 대폭적인 세금감면 공약 등, 통 큰 퍼주기 공약 등은 젊은이들-서민들로부터 지지를 받았다.

지난 2020년 4월 5일, 허경영 전 서울시장 후보는 서울시 홍대입구 역 부근에서 집중 유세를 가졌다. 그는 인도의 성자, 간디의 유명한 7대 사회악인 "▲원칙 없는 정치 ▲도덕성 없는 상거래 행위 ▲노동이 결여된 부(富) ▲개성을 존중치 않는 교육 ▲인간성이 사라진 과학 ▲양심이 없는 쾌락 ▲희생 없는 신앙을 몰아내자! 대한민국 국민은 미개인이 아니다. 세계 10위 경제 대국에 생활고가 웬 말이냐? 왜 우리 젊은이들에게 직장이 없나? 왜 우리는 결혼을 할 수가 없나? 이제 우리가 낙원을 만들 수 있는 시간은 이틀 남았다. 허경영이 해결한다. 투표로 해결하자!"라고 호소했었다. 사회악 척결, 연애 공영제 공약 발표 이후, 환호가 뒤따랐다.

'김대중 현상'은 김대중의 정치적 성공으로 연결됐다. 대통령으로 재임(1998~2003년) 할 수 있는 기적을 만들어 냈다.

우리나라 사회 내에 이미 '허경영 현상'이 존재한다면? 그 현상은 이제 겨우 시작 단계라 할 수 있다. 지난 2020년 4월 7일 서울시장 선거에서 낙선했던 허경영 국가혁명당 전 시울시장 후보는 이제 차기 대선의 예비후보로 활동을 시작했다. 차기 대선은 2022년 3월 9일에 치러진다.

오명진 허경영 비서실장은 "지금은 본인의 요청에 따라 이름을 밝힐수 없지만, 누구라고 하면 알만한, 전(前) 중진 국회의원이 차기 지방자치 선거에 서울시장 후보로 국가혁명당 공천을 타진할 정도로 허경영에 대한 기대가 지속 상승하고 있다"면서 "허경영은 지난 2019년 8월 15일 중앙당 창당 대회에서 대통령 후보로 선출됐기 때문에, 내년 대선(大選) 이후 3개월 만에 실시되는 지자체 공천심사위원회를 타당보다 조기에 실시해 대선(大選)과 지자체 선거에서 일석이조(一石二鳥) 효과를 거둘 계획"이라고 밝히고 있다.

'김대중 현상'은 대한민국=민주주의 국가 건설이라는 이념의 성취와 맞닿아 있었다. 그런데 '허경영 현상'은 현실보다는 이상적(理想的)이다. '퍼주기'로 포장돼 있다. 부자(富者) 국가로 성공한 대한민국의 현재와 미래를 담보(擔保)로 하고 있다. 그간 많은 후보들이 그가 내건 공약을 뒤따랐다. 이 때문에 세인들은 좋아하든, 싫어하든 '허경영 현상'과 마주쳐야만 한다.

'김대중 현상'은 김대중을 대통령으로 만드는 정치적인 에너지 역할을 했었다. 마찬가지로 '허경영 현상'도 그를 대통령으로 만드는 이후의 동력(動力)이 될까?

〈2021/04/14〉

제 6 장

노예근성으로 살고 있는가, 주인 근성으로 살고 있는가?

노예근성으로 살고 있는가, 주인 정신-
주인 근성으로 살고 있는가?

노예제 연구가이자 경제학자인 '스탠리 앵거만'이 쓴 "한국인은 왜 좌파적인가?"라는 글이 SNS(사회 관계망 서비스)를 통해 소통되고 있다. 이 글 가운데 "조선의 학자 성현(1439~1504)은 '조선 사람 중 절반이 노비'라고 말하기도 했다."면서 "노비 이외에 광대, 공장, 백정, 기생, 무당, 천민, 상여꾼, 하천배 등을 '상놈'이라고 불렀는데, 다 합치면 그 숫자가 전 인구의 70%(실제 노비는 40%)였다"는 내용이 나온다.

지금부터 500여 년 전의 일이다. "1894년 갑오개혁에서 신분제가 철폐됐지만 땅 한 마지기 없는 농민은 노비나 다름없었다"고 쓰고 있다.

갑오개혁 때부터 계산해도 127년 전의 일이다. 30년을 1세대로 계산한다면, 이미 4세대가 흘렀다. 그런데도 '스탠리 앵거만'은 한국인에게 "노예근성"이라는 올가미를 씌웠다.

한민족의 근세-현대 역사를 보면 중국 종속국가, 일본 식민지, 6·25 내전을 치른 국가임에는 틀림이 없다.

'스탠리 앵거만'은 현대 한국인에게 "국민들이 국가권력에 지배받는데 익숙하며 국가가 개인의 자유를 통제해도 저항할 줄을 모른다. 무상배급(보편복지)을 좋아하고 책임감이 없고 사기 잘 치고 이성적인 사고가 부족하여 선동에 잘 당하는 사고방식이 바로 조선 노예근성"이라고, 꼬집고 있다.

미국에서도 흑인 노예제도가 있었다. 링컨 대통령은 1863년 1월 1일 미국의 노예해방을 선언했다. 158년 전의 일이다. 미국에도 노예근성이 사회 저변에 도도하게(?) 흐르고 있는 것일까?

코로나19로 인해 지급되는 국가보조금도 "무상배급을 좋아하는 노예근성"으로 치부될 수 있는 것일까?

노예근성의 반대말은 무얼까? "주인 정신-주인 근성". 주인 정신-주인 근성일 것이다. 철저하게 주인 정신-주인 근성으로 살아가야 하는 것이리라. 주인 정신-주인 근성이 없으면 노예라는 말이다.

남이 웃으니 나도 뒤따라서 웃는다면? 그게 바로 웃음 노예이다. 하하하…

스스로 웃고 싶을 때 먼저 웃어야만이 노예가 아니다.

스스로의 부단한 노력으로, 노예로부터 탈출하자! 웃고 싶을 때… 언제든지, 맘 놓고 하하하 웃으면서 삽시다! 웃음주인으로 삽시다! 하하하!!!

〈2021/09/10〉

미북–일북 간 외교 관계 개설을 위한
미북–일북교섭은 재개돼야

한반도의 전쟁(1950~1953년)은 아직까지도 '휴전상태'를 면치 못하고 있다. 분단 70년이 지났다. 그런데 한반도는 전쟁을 휴전한 이후 남북이 오가지 못하고 분단체제를 그대로 유지하고 있다. 국제 정치세력 간 이해관계 때문이다.

한반도 분단으로 인해 동북아는 언제 전쟁이 발생할지 모르는 화약고 신세를 탈피치 못하고 있는 처지이다. 동북아의 정세 불안은 한반도의 장기적 분단에서 기인한다.

근년. 미국 트럼프 대통령과 북한노동당 김정은 국무위원장 간의 3차례에 걸친 회합은 미북 외교 정상화의 기대를 갖게 했다. 한껏 미국 외교 관계 정상회의 꿈에 부풀게 만들었다. 미국의 대사관이 평양에 설립되는 꿈을 갖게 만든 것이다. 그러나 회담은 더 이상 진전되지 않고 교착상태에 빠져 있다.

한반도 입장에선 일북 간 외교 관계를 위한 정상 간 회담도 이어지기를 희망해왔다. 아베 일본 전 수상의 퇴임 이후, 스가 요시히데 총리 시대가 열렸다. 일본의 새 행정 수반 등장과 함께 일북 외교 관계 정상화의 길이 열리기를 기대하고 있다.

남북 간은 이미 3차례에 걸친 문재인-김정은 남북 정상 간 정상회담이 개최돼 평화 진전을 보장했다. 한반도 평화, 더 나아가 동북아 평화 보장은 한반도 종전선언, 즉 한반도 평화선언을 달성하는 데 있다. 이를 위해 한반도를 둘러싼 강대국들의 평화적 노력이 긴요하다. 한반도 남북 당사국을 위시 미국, 중국, 일본, 러시아 등등의 국가들이 평화 진전을 위해 앞장서야만 한다.

이런 시기에 한국의 서훈 국가안보실장이 미국 워싱턴을 방문하는 외교활동을 펼쳤다. 서훈 국가안보실장이 로버트 오브라이언 백악관 국가안보보좌관, 마이크 폼페이오 전 국무장관을 만나고 돌아온 것.

당시 청와대 강민석 대변인은 지난 2020년 10월 18일, 국가안보실장 방미 결과 관련 서면 브리핑에서 "서훈 국가안보실장은 미국 정부의 초청으로 2020년 10월 13일부터 16일까지 미국 워싱턴을 방문하여, 로버트 오브라이언 백악관 국가안보보좌관, 마이크 폼페이오 국무장관 등 정부 고위 인사 및 학계 주요 인사를 면담하고, 최근 한반도 정세 및 한미 양자 현안 등 상호 관심사에 대해 협의했다"면서 "이번 방미에서 서 실장은 강력한 한미동맹에 대한 미 측의 변함없는 지지와 신뢰를 재확인하였으며, 공통의 가치에 기반해 동맹을 미래지향적으로 발전시키기 위한 다양한 방안에 대해 논의했다"고 전하고 "양측은 방위비 분담금 문제와 관련 협상의 조속한 타결을 위해 외교채널을 통한 협의를 계속해 나가기로 했다. 양측은 또한 최근 북한의 열병식 등 정세에 관한 평가를 공유하고, 한반도의 완전한 비핵화 및 항구적 평화구축을 달성하기 위해 북미 간 대화 재개 및 실질적 진전을 이루기 위한 방안에 대해 심도 있게 논의했다. 양측은 역내 정세에 대해서도 의견을 교환하고, 양국 간 협력을 강화하기 위한 방안에 대하여 협의했다"고 밝혔다.

또한 "미 측은 이번 코로나 팬데믹 상황 하에서 한국이 효과적인 방역을 펼쳐 국제사회에서 모범이 되고 있음을 높이 평가하였으며, 양측은 앞으로 코로나 백신 및 치료제 개발에 있어 협력해 나가기로 했다. 우리 측은 유명희 세계무역기구(WTO) 사무총장 후보에 대한 지지를 요청하였고, 미 측은 우리 요청을 진지하게 검토하기로 했다"고 알리고 "서 실장은 오브라이언 안보보좌관과 한미 및 한미일 안보실장 간 심도 있는 논의를 이어가기 위해 대면 및 화상 협의를 계속해 나가기로 하면서 오브라이언 안보보좌관의 방한을 초청했고, 동인은 방한키로 했다고 밝혔다"고 덧붙였다.

코로나19 팬데믹은 인류에게 무엇을 가르쳐 주었을까? 하나의 미생물일 뿐인 바이러스도 국경이 없다는 사실을 가르쳐줬다.

서훈 국가안보실장은 미 방문을 통해 "북미 간 대화 재개 및 실질적 진전을 이루기 위한 방안에 대해 심도 있게 논의했다"고 한다. 어떠한 형태이든, 한반도 평화선언의 성취를 위한 노력은 지속돼야 한다.

〈2020/10/19〉

중국 방문 때 만났던 주은래…
그때 마오타이주에 취해있었던 이유?

중국여행 중에 만난 주은래(1898~1976). 중국 정부 초청으로 두 번의 중국여행을 했다. 이때, 주은래 중국공산당 총리(재임 기간 1949~1976)를 만났다. 정신적으로 만났으니 "알게 됐다"는 표현이 더 정확할 수 있다.

세계 3대 명주로 꼽는 귀주성의 마오타이주(maotai jiu) 본사를 방문했을 때, 주은래의 사진이 여러 장 전시돼 있었다. 이때, 그곳에서 주은래를 만났다.

마오타이주 공장 주변에, 이 술 때문에, 술 공장의 유지를 위해 300만 명이 넘는 사람이 모여들어 도시를 형성할 정도였다. 그 산업 부흥의 중심에 주은래가 있었다. 주은래는 모택동과 평생 친구였다. 주은래가 미국의 닉슨 전 대통령에게 마오타이주를 대접하는 사진과도 만났다.

주은래, 그는 27년간 중국의 장기 총리였다. '영원한 2인자' '인민의 총리'로 호칭된다. 현대 중국을 창건한 모택동과 '평생 동지'였다. 그는 공직자로서 청렴결백의 표상이다. 3년 8개월간 프랑스 유학을 했는데,

단 한 벌의 인민복으로 버텼다.

그의 아내 등영초는 죽을 때(1992년 사망) 평소 즐겨 입던 옷으로 수의를 만들어달라고 했다. 헤지고 닳고 닳은 옷이었다. 속을 세 번이나 기운 옷이었다. 시신을 "해부용으로 써 달라"고 유언했다. 대 중국, 공직자 부인의 청렴 본보기다.

중국의 웅장한 발전의 핏속은 마오타이주의 취기에 스며있을 것이다. 중국의 공산 당원들은 주은래가 세계적인 술로 키웠던 마오타이주를 즐겨 마시며, 중국의 화려한 미래를 논의했기 때문이다. 오늘날 중국 부흥의 이면은 마오타이주를 마신 취기처럼, 환상적이다. 그 취기의 중심에 주은래 정신이 용해돼 있다. 그 속에 청렴 정신이 스며있다.

27년간 중국의 총리였던 주은래 정신은 그의 아내 등용초의 청렴 정신으로 맥이 닿는다. 옷 속을 세 번이나 기운, 낡은 오래된 옷을 입고 살았다. 시신마저 해부용으로 기증하는 유언을 했다. 중국에서 만났던 주은래, 중국 방문 때, 그런 중국의 정치인에 취했었다. 중국 귀주성의 자랑인 마오타이주에도 취해있었다. 주은래의 멸사봉국(滅私奉國) 정신에도 취해있었다.

〈2021/04/06〉

'구글 번역' 적극 활용…
대한민국을 문화선진국으로 만들어갑시다!

저자가 발행인인 브레이크뉴스는 지난 2020년 9월 28일 자부터 구글 번역(Translate)을 이용한 영문뉴스-영문정보를 게재해왔다. 지난 5개월여 '구글 번역' 영문을 게재해온 것이다.

이 글을 시작함에 있어 '구글 번역'의 효율성을 먼저 설명해야 할 필요가 있다. 번역의 오류(誤謬)문제이다. 기독교 성경이 절대적일까? 결코 아니다. 번역 성경은 이 분야 전문가들이 참여해서 완성했겠지만, 그래도 오류가 많다고 한다. 번역 성경도 오류를 전제로 하듯이, 모든 번역은 오류를 인정해야 옳다고 본다. 번역은 완전한, 또는 100% 정확도보다는 효율(效率)을 중시하고 있다. 서로 다른 언어를 이해(理解)하는 폭의 확장(擴張)을 중요시하는 것이다. 번역에서 완전한 것은 없기 때문이다. 브레이크뉴스의 '구글 번역'을 이용한 영문뉴스-영문정보 게재도 이 범주 안에서 진행돼 왔음을 보고 드린다. 많은 오류가 있음을 시인하면서 이 글을 시작한다.

‘구글 번역’의 활용을 가능케 한 것은 컴퓨터 인공지능의 활용이다. ‘구글 번역’의 효용성이 나날이 발전하는 만큼 ‘구글 번역’이 더욱 정확해질 수 있다고 본다. 인류가 발전시킨 과학의 혜택을 보고 있는 것이다. 특히 구글(Google)이 이 분야의 발전을 위해 많은 예산을 들여, 구글 번역의 효율성을 증대시킨 점을 칭송한다.

　저자는 브레이크뉴스 지난 2020년 12월 29일 자 "브레이크뉴스 ‘구글 번역’ 이용한 영문기사-글 게재 ‘3개월째 보고서’" 제하의 글에서 "‘구글 번역(Translate)’은 지난 2007년에 시작, 시작된 지 14년의 역사가 흘렀다. 그런 과정에서 정확도가 매우 높아졌다는 게 일반적인 평이다. 본지는 정확도 또는 효용성이 높아진 ‘구글 번역’을 이용, 한글-영문의 소통을 위해 브레이크뉴스의 대부분 기사와 글을 번역해서 게재해왔던 것이다. ‘구글 번역’은 글로벌 시대, 다른 언어 간의 소통에 기여해오고 있다."고 설명하고 "‘구글 번역’은 인공지능(人工知能-AI)에 의존한다. 본지 기사와 글들의 ‘구글 번역’을 이용한 영문번역 게재는 언론의 새로운 지평(地平)을 여는데 기여하리라 확신한다. 특정 언어로 작성된 기사와 글들이 특정 언어로만 게재돼 있다면, 국제사회에서 통용되기가 어려울 것. 하지만, 세계에서 가장 많이 사용되는 언어인 영어로 번역되어 통용된다면, 매스커뮤니케이션(大量傳達)의 기능이 효과를 더할 것. 특히 오늘날의 세계는 국제무역의 시대이다. 각 기업이 생산한 제품들이 국제사회에 널리 보급되고 있다. 영어로 번역된 한국 관련 경제뉴스들은 대한민국 기업들의 국제적인 위상을 높이는데 직접-간접적으로 작용하리라 전망한다."고 보고한 바 있다.

　또한, 지난 2021년 1월 1일 자 "브레이크뉴스 ‘구글 번역’ 영문기사-

글 제공 '4개월째 중간보고서'" 제하의 글에서는 "대한민국이 국제적인 뉴스-정보전에서 선진국으로 도약하려면, 영문 콘텐츠의 다량 생산이 불가피해졌다. 또한, 대한민국의 영향력을 높이려면 영문 스토리 만들기 캠페인이 필요하다"고 피력하면서 "원래, 뉴스나 정보의 수효가 늘어나면 자연스럽게 스토리(story)가 만들어질 수 있다. 뉴스에는 반드시 뉴스스토리(news story)가 있다. 대한민국에서 생산된 대다수의 뉴스나 정보가 영문으로 번역되어 구글 등 유명 포털 속에 안장(安藏)된다면, 세계인들의 선(先) 검색대상이 될 것이고, 이로 인하여 대한민국이 정보의 선진 국가로 변환(變換)될 수 있다고 본다. 이때, 국제화된 대한민국의 뉴스-정보 스토리가 만들어지는 것이다. 이로 인하여, 대한민국의 우수한 문화국가 이미지 스토리가 만들어졌으면 하는 바람이다"고, 주장한 바 있다. 그리고 "브레이크뉴스의 시도가 '한글 콘텐츠의 세계화'에 기여하고 있다고 자부(自負)한다. 저자가 한글 스토리(뉴스-정보-작품 등)를, '구글 번역'을 이용, 영어로 바꾸어놓기 캠페인을 벌이는 목적"이라고 덧붙였다. 저자는 "한글 뉴스-한글 정보를 '구글 번역'을 이용, 국제사회-글로벌 사회 보급한다면, 대한민국의 문화적인 위상(位相)이 아주 높아질 수 있다"고 확신한다. 이런 확신감에서 '구글 번역' 활용하기 캠페인을 벌이려 한다. "한글 뉴스-한글 정보의 '구글 번역' 활용하기 캠페인"을 벌이려 한다. 저자는 '한글 뉴스-한글 정보 구글 번역 활용하기 캠페인 본부장'이기를 자처(自處)한다. 우선, 가장 앞선 국제적인 언어인 영문번역을 위주로 한다. 한글 뉴스-한글 정보의 '구글 번역' 활용하기를 강력히 추천한다. SNS(대인 관계망 서비스)-스마트폰으로도 '구글 번역'의 활용이 가능하다. 그리하여, 한글문화가 인류를 이롭게 하는 고급문화

로 발전할 수 있기를 기대한다. 함께 힘을 모아, 대한민국을 문화선진
국으로 만들어갑시다!

〈2021/02/18〉

김형석 교수의 100세 시대론
"가치 있는 인생은 60세 이후"

의술−의학의 발달로 인해 사람들의 수명(壽命)이 늘어나고 있습니다. '100세 시대'라는 말이 사회적으로 통용되고 있다. 그런데 김형석 연세대 명예교수는 올해 102세(1920년, 평안남도 출신)라고 합니다. 그래서인지 언론들에서 김 교수를 인터뷰하는 내용이 자주 보도되고 있다.

중앙일보는 2021년 1월 29일 자 신문에서 "김형석 '100년 살아보니 알겠다, 절대 행복할 수 없는 두 부류(백성호 중앙일보 종교전문기자)'"라는 제목으로 기사화했다. 그분의 인터뷰 내용이 나이 든 노인들에게 용기를 주고 있다.

김 교수는 중앙일보와 가진 인터뷰에서 "지금껏 살아보니 알겠더군요. 아무리 행복해지고 싶어도 행복해지기 힘든 사람들이 있습니다. 행복하고 싶은데 행복해질 수 없는 사람들. 그들이 누구입니까. 크게 보면 두 부류입니다. 우선 정신적 가치를 모르는 사람입니다. 왜냐하면, 물질적 가치가 행복을 가져다주진 않으니까요. 가령 복권에 당첨된 사람이 있어요. 그 사람이 과연 행복하게 살까요? 그렇지 않습니다. 정신적 가치를 모르는 사람이 많은 물건을 가지게 되면 오히려 불행해지고 말더군요."라고 강조했다.

건강 비결에 대하여는 "꼭 직업을 말하는 게 아닙니다. 공부가 따로 있나요. 독서하는 거죠. 취미 활동하는 거고요. 취미도 일 가운데 하나입니다. 100년을 살아보니 알겠더군요. 일하는 사람이 건강하고, 노는 사람은 건강하지 못합니다. 운동은 건강을 위해서 있고, 건강은 일을 위해서 있습니다. 내 친구 중에 누가 가장 건강하냐. 같은 나이에 일이나 독서를 제일 많이 하는 사람이 가장 건강합니다."라고 답했다.

한 지인이 김형석 교수의 인터뷰 기사를 읽고 페이스북에 올린, 김 교수의 핵심 주장을 "▲만족할 줄 알아라. ▲마음 그릇을 넓혀라. ▲노년의 건강은 50대부터 관리해야 한다. ▲일하고 공부해야 건강해진다. ▲가치 있는 인생은 60세 이후에 온다. ▲정신이 건강해야 육체도 건강하다. ▲이기주의자는 불행하다. ▲만족할 줄 모르면 불행하다"라고, 축약해놨습니다. 노인들에게 귀감이 되는 말들이라고 생각했다.

유엔은 근년에 사람의 연령을 재(再)조정했다. 이에 따르면 "▲미성년자 : 0세~17세 ▲청년 : 18세~65세 ▲중년 : 66세~79세 ▲노년 : 80세~99세 ▲장수 노인 : 100세 이후(UN이 정한 평생 연령 기준)"이다.

김형석 교수는 노인층 사람들에게 용기를 주고 있다. 그분은 "가장 일을 많이 하고, 행복한 건 60세부터였어요. 내가 살아보니까 그랬습니다. 글도 더 잘 쓰게 되고, 사상도 올라가게 되고, 존경도 받게 되더군요. 사과나무를 키우면 제일 소중한 시기가 언제일까요. 열매 맺을 때입니다. 그게 60세부터입니다. 나는 늘 말합니다. 인생의 사회적 가치는 60세부터 온다."라고 말했다.

유엔이 정한 평생 연령 기준에 따르면 18~65세는 청년이다. 나이에 대한 재(再)평가이다. 65세까지는 청년인데, 왜 한국 사회는 이 나이의 사회적 어른들을 늙은이 취급을 하는 걸까? 노인이 청년처럼 일하는 시대이다. 나이에 대한 부풀리기 중단을 공론화할 때이다.

김형석 교수의 실제 나이는 102세로서, 한국인 100세 시대의 문을 연 철학자 출신이다. 그는 100세를 건강하게 살 수 있는 실례적(實例的) 삶을 보여 주었다. 또한, 100세를 살면서 필요한 철학(哲學)이 무언지를 제시했다. 뿐만이 아니라 노령에도 건강을 지키며 일을 하는 게 행복하다는 것을 공론화(公論化)시켜주는 역할을 했다.

〈2021/01/29〉

2차대전에 패전 권총 자살한 히틀러…
몇 점의 그림을 모았을까?

2차 대전을 일으켰던 독일 총통 히틀러(1889년 4월 20일~1945년 4월 30일)는 한때 유럽 일대를 장악했다. 마지막에는 영국, 프랑스까지 전선이 확대됐다. 미국이 연합국으로 가담했다. 마지막, 소련의 침공으로 패전했다. 히틀러는 1945년 4월 30일 권총 자살했고, 독일은 그해 5월 8일 항복했다. 2차대전이 막을 내렸다.

히틀러는 죽기 전 두 장의 유서에 사인을 했다. 이 중 하나의 유서 전문은 아래와 같다.

"나는 지난 전쟁 기간 동안 결혼하는 것이 책임감 없는 행동이라고 믿었기에 지금 지상의 이력을 끝내기에 앞서 오랜 세월 우정을 나눈 다음 자유의사로 거의 완전히 포위된 도시로 들어와서 나의 운명을 함께 나누려는 이 아가씨(에바 브라운)를 아내로 맞아들이기로 결심하였다. 그녀는 자신의 소원에 따라 내 아내로서 나와 함께 죽게 될 것이다. 죽음은 민족에 봉사해야 하는 나의 일이 우리 두 사람에게서 빼앗아간 것을 우리에게 보상해줄 것이다. 내가 가진 것은 당의 소유가 된다. 당이 존재하지 않는다면 국가 소유이고, 국가마저 파괴된다면 내가 내린 결정은 아무 소용도 없을 것이다. 나는 여러 해 동안 사들인 그림들을 개인적인 목적을 위해서 모았던 것이 아니고 언제나 내 고향 도시 도나우 강변의 린츠에 회랑을 건설하기 위해서 모았다. 이것이 이루어지는 것은 가장 귀한 소망이다. 유언장 집행인으로는 가장 충실한 당 동지 마르틴 보어만을 임명한다. 그는 모든 결정을 최종적으로 내릴 권한을 가진다. 개인적인 추억의 가치를 가진 것이나 시민적인 생활을 유지하기 위해 필요한 모든 것을, 나의 형제자매들과 내 아내의 어머니, 그리고 그도 잘 알고 있는 충실한 직원들에게, 특히 여러 해 동안이나 업무에서 나를 도와준 나이든 남녀 비서들과 빈터 부인에게 나누어줄 권한을 가진다. 나 자신과 내 아내는 파면이나 항복의 수치에서 벗어나기 위해서 죽음을 택한다. 지난 12년 동안 민족에게 봉사하면서 내 일상의 업무 대부분을 처리한 이곳에서 즉시 불태워진다는 것이 우리의 의지다.”

히틀러는 이 유서에서, 죽은 이후 “시신을 불태워 달라”고 요망했다. 그의 유언대로 시신은 화장됐다.

저자는 히틀러의 이 유서에서 말한 ‘하나의 소망’에 관심을 갖고 있다 “나는 여러 해 동안 사들인 그림들을 개인적인 목적을 위해서 모았던 것이 아니고 언제나 내 고향 도시 도나우 강변의 린츠에 회랑을 건설하기 위해서 모았다. 이것이 이루어지는 것은 가장 귀한 소망이다”라는 대목이다.

히틀러는 2차 대전, 전쟁 기간에도 그림들을 모았다. 독일의 히틀러가 일으킨 2차 대전에서 사망한 총 수는 6천만 명 정도로 추산된다. 그는 무고한 사람들이 헤아릴 수 없이 죽어가고, 도시가 폐허가 되는 전장 터에서 그림을 모았다. 이때 전쟁 노획물 그림도 상당수 있었을 것이다. 그림을 몇 점이나 모았을까? 궁금하다. 알려지기로는, 화가 지망생이었던 히틀러는 생전에 3천여 점의 그림을 모았다고 한다. 2차 대전에서 연합군이 승리, 히틀러가 모았던 그림 모두를 미군이 접수한 것으로 알려졌다.

그가 자살하기 직전에 쓴, 마지막 유서에 나타난 소원은 요즘 말로 말하면 '그림 갤러리' 건축이었다. 히틀러, 그는 전쟁에 패배해 자살하면서까지도 그림을 모았던 그는 '문화' 의지를 가지고 있었다. 전쟁에 참전했던 병사들이 죽어가는 현장에서도, 그는 그림 사랑에 빠졌었다. 그는 죽었어도 그가 모은 그림들은 어디엔가 남아 있을 것이다.

대한민국, 이후의 시대, 문화의 시대가 다가오고 있다. 화가가 그린 그림들이 고가로 매매되는 시대가 다가오고 있다.

〈2020/12/18〉

고 이세기 전 의원의 한국 대 미국-중국
'미국-중국 G2 국가는 독보적 강점'

지난 2020년 11월 24일 별세한 이세기 전 의원은 정치권의 '중국통'이었다. 생전, 그가 남긴 대(對)중국 전략은 시사하는 바가 크다.

연합뉴스는 2020년 11월 24일 자 "4선 지낸 '중국통' 이세기 전 국회의원 별세" 제하의 기사에서 이세기 의원의 전력을 잘 소개하고 있다. 이 통신은 "국토통일원 장관이던 1985년 인도네시아 반둥회의에서 우쉐첸(吳學謙) 당시 중국 외교부장을 만난 것을 시작으로 수많은 중국 지도자들과 '관시(關係·특수 관계)'를 맺어왔다. 지난 1998년 후진타오(胡錦濤) 당시 중국 국가 부주석이 4박 5일 일정의 방한 기간 국회의원 중에서는 유일하게 고인과의 개별 면담만 진행한 일화도 유명하다. 최근까지 '이세기의 중국 관계 20년'(2012) '6·25 전쟁과 중국'(2015) 등 다수의 중국 관련 저서를 펴냈다"고 전했다.

이세기 전 의원의 별세를 계기로 "한국과 중국의 관계는 가까운가, 아니면 먼 것인가?"를 묵상케 된다.

미국의 남한 내 사드 배치 이후 중국의 한국 견제가 강해졌다. 근년(近年), 중국 당국은 한국을 방문하는 중국인 관광객조차 현저하게 줄이는 압박조치를 강행했다. 2020년 초 중국 우한지역에서 발생한 코로나19 전염병 사태로 인해 한국과 중국 간은 관계는 아주 가까운 국가임이 재확인됐다. 이와 관련, 싱하이밍 주한 중국대사는 최근 한국과 중국의 관계를 '운명공동체'라고까지 표현할 정도가 됐다. 코로나19 발생 이전, 한국-중국 양국 간의 무역액은 3,000억 달러를 돌파했다. 인적 왕래는 연간 1,000만 명에 달했다. 또한, 한국-중국 두 나라는 각각 6~7만 명에 달하는 학생들이 상대국에서 유학을 중이다.

싱하이밍 대사는 지난 2020년 11월 19일 서울 광화문 포시즌스 호텔에서 열린 '2020 중한 우호청년포럼' 축사를 통해 "시진핑 주석과 문재인 대통령께서는 여러 차례 전화 통화를 갖고 코로나19 공동 대응과 방역 협력 강화에 대해 합의를 이루었다. 양국 정부 기관과 민간단체, 그리고 각계 인사들은 '많이 도울 수 있으면 많이 돕자'라는 이웃의 온정으로 도움의 손길을 내밀며 서로를 도왔다. 또한, 양국은 방역과 경제 발전을 총괄적으로 계획하였고, 긴급한 필요가 있는 인원의 왕래를 편리화하기 위한 '신속 통로(입국절차 간소화)' 제도를 처음으로 도입했다. 이러한 운명공동체 의식은 양국을 코로나19라는 위험에서 벗어나게 하였고, 이뿐만 아니라 경제사회 발전의 기틀을 신속하게 재정비하여 글로벌 경제 회복의 길에서 앞서가도록 하였다."고 강조했다. 그는 "더욱 개방적이고 포용적인 마음으로 객관적이고 이성적으로 상대국가의 발전을 대하고, 서로 교류하는 가운데 장점을 취하고 단점을 보완하자"고 피력했다.

한국-중국 간 관계가 다시 가까워지는 분위기가 연출되고 있다. 이런 시기에 별세한 대 중국통 정치가인 이세기 전 의원의 업적을 뒤돌아보게 된다. 그는 학자 출신(고려대학 교수)-국토통일원 장관 출신 정치인이었다. 그는 일반적으로 알려진 것과 달리, 깊이가 다른, 중국에 다한 남다른 인식을 하고 있었다.

강효백 법학박사는 지난 2020년 11월 30일 페이스북에 고 이세기 전 의원에 관한 글을 올렸다. "지난 25년간 특별히 제게 전수해주신 대중국 책략 및 남북통일 비책 몇 가지를 공유할까 한다. 25년간 300회 이상 만났고 베이징 체류 시 같은 아파트 동에서 1년 거주 등 중국 각지 30회 이상 수행하면서 받은 가르침임"을 전제로 했다. 길게 인용한다.

"▲이세기 장관의 기본 국제관=이념은 짧고 민족은 길다. 동서고금을 통하여 모든 나라 특히 19세기 이후 세계 각국이 내건 사상 이념 주의(ism) 따위는 오로지 자국의 '국가이익' 추구를 위한 깃발이나 구실일 뿐이라는 진실에 눈을 떠라! 세상에 착한 나라는 없다. 나라를 의인화(擬人化)하여 도덕 신뢰 이념 우의 따위를 기대하지 말라. 각국의 영원한 이데올로기는 국가이익. 외교에는 '선악'은 없고 '득실'만 있다.

▲대(對) G2(미국과 중국) 외교 기본전략=한국은 현대 정치 군사 안보 면에서 미국과 가장 밀접한 나라면서 역사 지리 경제 문화면에서 중국과 가장 가까운 나라다. 뿌리 깊은 피해의식 사대주의에서 벗어나 G2를 잘 활용한다면, 이는 우리나라의 약점이긴커녕 세계 어느 나라에도 없는 독보적 강점이 될 수 있다. 한국에게 미·중 양국은 하나를 버리

고 다른 하나를 택해야 하는 대체재가 아니라 함께 할 때 더 실리를 얻을 수 있는 보완재와 같다. 친미 반중이냐 반미 친중이냐 하는 식으로 택일의 강박관념에 집착하기보다는 용미용중(用美用中)에 힘을 모아야 할 시점이다. 우리 한국은 미중의 이익이 교차하는 공통분모를 탐색 포착하고 거기에 한국의 국익을 착근, 삼투시키게끔 창조적 외교력을 발휘해 나가야 한다. 즉 한국이 평화와 협력의 중심축이 되어 미국과 중국이 세계를 대립적으로 쟁패한다는 뜻이 아닌 G2(group of 2)를 한·미·중 공동협력의 C3(Cooperation of 3)로 변화시키는 역할을 모색해야 한다. 남북통일에 도움이 되는 모든 것을 동원해야 한다. 그래야만 북핵 문제를 평화적으로 해결할 수 있을 뿐만 아니라 나아가 남북통일의 초석도 마련할 수 있을 것이다.

▲대(對) 중국외교 기본책략=남북통일과 현실적인 국익 차원에서 미국과 중국을 공동 1순위로 하고 3위 일본, 4위 러시아, 또는 3위 러시아 4위 일본 순으로 미=중〉일〉러 또는 미=중〉러〉일의 외교 우선순위를 통일될 때까지 유지해야 한다고 말했다. 특히 남북통일에서는 중국이 오히려 미국보다 우선순위로 관건이라고 했다.

▲남북통일 비책=남북통일의 가장 큰 걸림돌 : 주한미군을 어떻게 하나? 중국은 21세기 이후 주한미군의 철수를 주장하지 않는다. 주한미군이 자국의 국가이익에 오히려 도움을 준다고 간파하기 시작했다. 북한의 남침뿐만 아니라 남한의 북침도 일본의 한반도 침략도 막아주는 역할로 삼는 거로 전환했다. 그러나 중국은 자국의 심장부와 아주 가까운 압록강 두만강 국경선 바로 넘어 미군의 존재를 절대 용납하지 않을 것이다. 그래서 중국과 미국과 물밑교섭, 중국도 안심시

키고 미국도 기득권을 유지하는 비책—즉 남북통일 시 주한미군 주둔
지역을 남한(평택 이남)으로 묶어두는 방안을 히든카드로 활용하자.”

강 박사의 글을 분석해보면, 이세기 전 의원의 대 중국관을 알 수 있
다. 이글에서 눈에 띄는 대목은 “미국-중국 G2를 잘 활용한다면 우리
나라의 약점이긴커녕 세계 어느 나라에도 없는 독보적 강점이 될 수 있
다” “용미용중(用美用中)을 하자” “남북통일과 현실적인 국익 차원에서 미
국과 중국을 공동 1순위로 하자” “남북통일에서는 중국이 오히려 미국
보다 우선순위이다”라는 부분이다.

이세기 전 의원은 한국의 미국-중국을 상대로 하는 외교에 있어 한
국의 좋은 점이 무언가를 알려주고 세상을 떠났다. 지리적으로 아주 가
까운 한국과 중국의 관계는 ‘운명공동체’라 할 수 있다. 새로운 시각의
한중관계론을 펼쳤던 고인의 명복을 빈다.

〈2020/11/30〉

'서울·평양 대표부 설치안' 외부공개…
남한-북한 자유 왕래 대망!

　남한과 북한 간의 자유 왕래는 요원한 것인가? 문재인 정부가 출범한 이후 남한-북한 간 정상회담, 미국-북한 간 정상회담이 개최됐으나 남북 자유 왕래의 문을 열리지 못했다. 그러나 문재인 정부의 평화프로세스 전략에 따라, 한반도 평화선언과 남북협력 등이 꾸준히 모색되고 있다. 이런 가운데 통일부가 남한-북한 간은 경제협력을 물꼬를 트기 위해 다양한 방법의 노력을 기울이고 있다. 남북한 평화안착-경제공동체 구축이 쉼 없이 모색되고 있다. 통일부가 주선하는 모임에서 서울-평양에 연락사무소 개설문제까지 거론됐다. 국가 간 연락사무소 개설은 외교 관계 수립 이전의 단계를 의미한다.

　지난 2020년 11월 3일 실시됐던 미국의 대통령 선거로 인해 미국과 북한 간의 외교 정상화를 위한 대화가 중단된 상태. 이런 가운데 남한과 북한 간의 경제협력 문제가 논의되고 있는 것. 통일부 교류협력실 남북경협과는 지난 11월 23일 경제계 인사들과 함께 간담회를 개최했다. 서울 롯데호텔에서 열린 이 간담회에는 삼성·SK·LG·현대 등 4대 기업과 대한상공회의소·한국경영자총협회 등 경제단체, 현대아산·개성공단기업협회 등 남북경협 기업관계자들이 참석했다. 착석 기업들은 지난 2018년 9월 남북정상회담 시 평양 방문에 동행했던 기업들이다.

아주 특별한, 이 모임에는 이인영 통일부장관이 직접 참석했다. 이 장관은 이 자리에서 "미국 대선 이후 한반도의 정세가 새로운 변곡점을 맞이하였는바, 한반도 평화프로세스를 재가동하기 위해 미국의 차기 정부와 긴밀히 협의하고, 남북 간 대화와 협력의 구조를 만들 것"임을 설명하면서 "차기 미 행정부의 대북정책이 우리 정부의 한반도 평화프로세스 구상, '포괄적 합의·단계적 이행'의 비핵화 접근법과 많은 부분에서 조응하기 때문에 이 기회를 잘 살리면 한반도 평화정착에 좋은 기회가 될 수 있다"고 강조했다. 이어 "또한 작은 정세에서 큰 정세로의 전환기에 정부와 기업이 역할 분담을 통해 '남북경협의 시간'을 준비하는 것이 중요하다"고 말했다.

통일부 관계자들은 기업관계자들에게 "남북경협 리스크 요인 극복 등 경협 환경 마련, 북한지역 개별관광, 철도·도로 연결 등 남북합의사항 이행, 개성공단 사업의 재개, 호혜적 '유무상통(有無相通)'의 경협사업 발굴·추진 등을 착실히 준비하고, 기업은 산업혁명 4.0 시대에 '남북경협의 2.0 시대'를 열어나갈 창의적이고 새로운 접근을 준비해줄 것"을 요망했다.

뿐만 아니라 "향후 코로나19 백신·치료제 개발, 제재의 유연한 적용 등이 도래하면 남북 경협은 예상보다 빨리 시작될 수도 있음"이 강조됐으며 "이런 차원에서 향후 포스트 코로나19 시대 남북경협 비전과 대응을 위한 기업-정부 정기협의"를 제안했다.

간담회에 참석한 경제계 인사들은 이 자리에서 "기업은 불확실성을 기피하는 만큼 남북관계의 안정적 발전을 기대하면서 앞으로 정부와 함께 남북경협의 시간을 준비해 나가"기를 희망했다. 기업관계자들은, 이를 위해 "정확한 북한 정보 제공 등 정부에서 보다 적극적으로 재계와 소통해줄 것"을 요청했다. 이 간담회는 정부가 앞으로도 우리 사회 각 부문을 대상으로 소통을 강화하고 한반도 평화프로세스를 가동하기 위한 새로운 역할과 준비를 적극 모색해 나갈 계획을 알리는 계기가 됐다.

같은 날 통일부는 서울 영등포구 국회의원회관(제1 소회의실)에서 국회 외교통일위원회 이용선 의원실, 국회 한반도평화포럼(김경협·김한정 공동대표)과 공동으로 '남북연락·협의 기구의 발전적 재개방안'을 주제로 한 토론회를 개최했다. 이 토론 모임에서는 북한에 의해 남북공동연락사무소가 폭파된 이후 중단된 남북 연락 채널의 복원 해법이 모색됐다. 공동연락사무소 운영 경험을 바탕으로 남북연락·협의 기구의 발전적 재개방안이 모색된 것. 이종석 전 통일부장관의 사회로 권택광(국가안보전략연구원) 실장이 최근 정세 평가와 함께 남북 연락협의기구의 발전적 재개방안 모델로 '서울·평양 대표부 설치' 연구 결과를 발표했다.

통일부는 이 모임을 통해 한반도가 평화로 들어갈 수 있는 큰 정세의 변곡점에 진입한 현시점임을 감안, 남한-북한 간 평화를 이룰 수 있는 기회와 공간을 열기 위한 첫 단추인 남북연락사무소 통신 채널의 조속한 복원을 촉구했고, 국내외 전문가들의 의견을 수렴하여 평양 대표부 설치 등 남북연락·협의 기구의 발전적 재개를 통한 한반도의 항구적인 평화구축을 위해 노력해 나갈 것임을 밝혔다.

문재인 정부는 남한-북한 간 전쟁의 위험을 불식(不息)시켰다. 임기 말로 접어들고 있지만, 한반도 평화프로세스 정책을 변함없이 추진 중이다. 서울·평양 대표부 설치안 등이 공개되는 것은 정부 내부에서 남한-북한 간의 자유 왕래 시대를 앞당기기 위한 거대한 계획이 꿈틀대고 있다는 것을 의미한다. 남한-북한 간의 빠른 자유 왕래를 대망한다.

〈2020/11/24〉

바이든은 트럼프의 한반도 평화 노선-
동북아 평화구축 노선을 이어받아야…

지난 2020년 11월 3일 미국의 대통령 선거에서 민주당의 바이든 후보가 당선자 지위를 확보했다. 공화당 정부가 막을 내리고 민주당 정부가 들어선 것이다. 미국에서 새 정부가 들어서면 한반도 평화안착, 이어 동북아 평화정착 문제가 어떻게 될 것인가가 초미의 관심 사항이다.

미국 트럼프 행정부나 한국은 문재인 정부는 그간 한반도 평화정책에 관한 한 공조적(共助的) 입장을 취해왔다. 트럼프 미국 행정부와 한국은 문재인 정부는 한반도 평화정착 문제에 있어 '평화 노선'을 지향해왔다.

2018년 6·12 미국-북한 정상회담에서는 양국 간 합의문이 발표됐다. 도널드 트럼프 미 대통령, 북한 김정은 노동당 국무위원장은 이 회담에서 "미국과 조선민주주의인민공화국의 새로운 관계를 수립하기"로 약속했다. 여기에서 새로운 관계란, 미국-북한 간의 외교 관계 개설로 이해된다. 미국과 북한이 우호 국가 관계를 맺으려고 노력했다는 것은 한반도 평화 노선 지향점이 같았다는 것을 뜻한다.

미국-북한 6·12 정상회담에서의 주요한 합의 사항을 살펴보면 "▲미국과 조선민주주의인민공화국은 평화와 번영을 위한 양국 국민의 바람에 맞춰 미국과 조선민주주의인민공화국의 새로운 관계를 수립하기로 약속한다. ▲양국은 한반도의 지속적이고 안정적인 평화체제를 구축하기 위해 함께 노력한다. ▲2018년 4월 27일 판문점 선언을 재확인하며, 조선민주주의인민공화국은 한반도의 완전한 비핵화를 향해 노력할 것을 약속한다. ▲미국과 조선민주주의인민공화국은 신원이 이미 확인된 전쟁포로, 전쟁 실종자들의 유해를 즉각 송환하는 것을 포함해 전쟁포로, 전쟁 실종자들의 유해 수습을 약속한다" 등이다. 합의문 가운데 "양국은 한반도의 지속적이고 안정적인 평화체제를 구축하기 위해 함께 노력한다." 부분이 이 회담의 진수(眞髓) 부분이었다.

미국-북한 간 정상회동은 싱가포르, 베트남, 판문점 등 3차에 걸쳐 이뤄졌다. 그러나 북한의 핵 문제 등의 문제를 풀지 못해 미국-북한 간 외교 관계 개설까지는 다다르지 못했다.

지난 2017년 5월 10일 시작된 한국의 문재인 정부 역시 한반도 문제의 해법에 있어 '평화 노선'을 선택했고, 줄곧 이 노선을 지향했다.

한국의 문재인 대통령은 지난 2017년 5월 10일 가졌던 취임식의 취임사에서는 "안보위기도 서둘러 해결하겠다. 한반도 평화를 위해 동분서주하겠다. 필요하면 곧바로 워싱턴으로 날아가겠다. 베이징과 도쿄에도 가고. 여건이 조성되면 평양에도 가겠다. 한반도 평화정착을 위해서라면 제가 할 수 있는 모든 일을 다 하겠다"고 선언했다. 대통령 취임사에서, 남북문제에 관해서는 '한반도 평화정착'에 방점을 찍었다.

지난 2017년 7월 6일, 독일을 방문했던 문 대통령은 베를린 선언(베를린 쾨르버 재단초청 연설)을 했다. 한반도 냉전 구조 해체와 항구적 평화정착에 관한 구상을 밝혔다. 이 선언에서는 "우리가 추구하는 것은 오직 평화이다. 평화로운 한반도는 핵과 전쟁의 위협이 없는 한반도이다. 남과 북이 서로를 인정하고 존중하며, 함께 잘 사는 한반도이다. 우리는 이미 평화로운 한반도로 가는 길을 알고 있다. '6·15 공동선언'과 '10·4 정상선언'으로 돌아가는 것"이라고 역설하면서 "남과 북은 두 선언을 통해 남북문제의 주인이 우리 민족임을 천명했고 한반도에서 긴장 완화와 평화보장을 위한 긴밀한 협력을 약속했다. 경제 분야를 비롯한 사회 각 분야의 협력사업을 통해 남북이 공동번영의 길로 나아가자고 약속했다. 남과 북이 상호존중의 토대 위에 맺은 이 합의의 정신은 여전히 유효하다. 그리고 절실하다. 남과 북이 함께 평화로운 한반도를 실현하고자 했던 그 정신으로 돌아가야 한다. 나는 이 자리에서 분명히 말한다. 우리는 북한의 붕괴를 바라지 않으며 어떤 형태의 흡수통일도 추진하지 않을 것이다. 우리는 인위적인 통일을 추구하지도 않을 것이다. 통일은 쌍방이 공존공영하면서 민족공동체를 회복해 나가는 과정이다. 통일은 평화가 정착되면 언젠가 남북 간의 합의에 의해 자연스럽게 이루어질 일이다. 나와 우리 정부가 실현하고자 하는 것은 오직 평화"라고 피력했다.

뿐만 아니라, 문재인 대통령은 취임 이후 북한 김정은 노동당 국무위원장과 3차에 걸친 남북 정상 간 회담을 가졌다. 평양도 방문했다. 이 과정에서 두 정상은 남북 불가침에 합의했다. 이 토대 위에서 한반도 정전선언을 평화선언(종전선언)으로 바꾸는 노력을 기울여왔다.

바이든 새로운 미국의 행정부가 한반도 정책을 어떻게 구사하는지에 대해 국제사회와 한국인들은 주목하고 있다. 기존의 평화 노선 유지를 원할 것이다. 바이든 미 민주당 대통령 당선자는 트럼프 공화당 행정부가 지향해서 한반도 평화정착, 동북아 평화구축 노선을 그대로 이어받아야 옳다고 본다. 한반도는 1950년 전쟁으로 인해 분단이 된 뒤, 70년간 분단지대이다. 인도적(人道的) 견지에서 분단이 해소되는 게 마땅하다. 사랑이 모토인 기독교 정신으로 건립된 게 미국이다. 미국 정신의 앙양을 위해서라도 한반도 문제는 하루빨리 평화적으로 해결되는 게 옳다. 미국의 민주당은 진보적 정당이다. 민주당은 전통적으로 공화당보다 국제 문제에 관한 한 진보적인 정당이다. 오는 2021년 1월 20일 대통령에 취임하게 될, 미국의 바이든 새 대통령 당선자는 트럼프 대통령의 한반도 평화 노선-동북아 평화구축노선을 그대로 이어받아, 국제사회 모순으로 남아 있는 한반도 분단이란 역사적 질곡(桎梏)을 벗어나게 해야 한다는 것을 요구한다.

⟨2020/11/09⟩

제 7 장

김재규 "당당한 모습으로
사형대에 섰다"

지속적으로 주목받아온 '김용중 선생'의 한반도 중립화 통일론

애국지사 김용중 선생(1898~1975)은 한반도가 일제에 강점됐을 당시 미국에서 독립운동을 함으로써 이승만 박사와 자웅(雌雄)을 겨뤘다. 김용중 선생은 1920년부터 1930년까지 도산 안창호 선생의 양아들이 되어 하버드, 콜롬비아, 조지 워싱턴, 남가주 대학에서 공부했던 학자 출신이다. 사업가이기도 했다.

김용중 선생은 지난 1950년 5월에 한반도 중립화 통일방안 제시했다. 초대 UN사무총장에게 한국전쟁 발생 가능성을 경고했었다. 또한, 1955년부터 1956년까지는 미국, 영국, 프랑스, 소련, 인도 등 국가 지도자에게 중립화 통일방안을 호소했다. 1961년부터 1971년까지 장면 총리, 박정희 대통령, 김일성 북한 수상(2차례 답신)에게 중립화 통일에 관한 공개서한을 수 차례 전달하기도 했다. 간단하게 표현하면, 한반도 중립화통일방안을 창시했고, 이 운동을 벌였던 통일운동가였다.

2021년 9월 6일은 애국지사 김용중 선생의 46주기. 이날 오후 3시

서울 프레스센터 18층 외신기자 클럽에서는 한반도 중립화를 추진하는 사람들(중추사)이 주관하고, 대한민국 임시정부기념사업회, 몽양 여운형 선생 기념사업회, 동북아평화재단(하와이), 한반도 중립화 통일협의회가 후원하는 추도식이 마련됐다. 김원웅 광복회장, 류박우 동북아평화재단 총재, 강종일 한반도 중립화 협의회 회장, 이현배 한반도 중립화를 추진하는 사람들의 상임대표, 서중석 성균관대 명예교수가 추모사를 했다.

일제 강점기를 벗어나는 해방되기 2년 전, 김용중 선생은 1943년 3월 1일 한국 기미독립선언 24주년에 미국의 O.W.I(Office of War Information 전시정보국, 1942~1945) 방송국(단파라디오 방송)을 통해 연설을 했다.

이 연설에서 "용감한 선조들은 4000년 이상 조국을 지키면서 왜인들을 섬에 가두어 두었습니다. 우리는 왜인이 두렵지 않습니다. 그들이 우리를 두려워합니다. 그들은 잠시도 귀를 우리에게서 떼어놓지 못합니다. 그들은 수천 명의 밀정과 비밀경찰과 헌병과 군인으로 우리를 감시합니다. 겁을 먹고 있는 왜적은 오래 가지 못할 것입니다. 우리는 적시에 적을 타격할 준비를 갖춥시다. 그들을 파괴할 기회가 우리에게 올 것입니다."라고 피력하면서 "우리는 경험을 통해 알고 있습니다. 노예 생활 속에는 행복이 없고 압박 속에는 안전이 없으며, 침략자의 지배 속에는 번영이 없음을. 우리네 삶은 고난과 비참의 연속이었습니다. 일제가 망하든지 아니면 우리가 죽든지 해야 합니다. 우리는 해방을 위하여 오랫동안 홀로 싸워 왔습니다. 이번과 같은 기회는 다시 오지 않을 것입니다."라고 강조했다. 이어 "우리에겐 낭비할 시간이 없습니다. 자유 쟁취를 위하여 임시정부를 따를 태세를 갖추어야 합니다. 효율적으로 조직을 만들어야 하며 언제든지 행동에 돌입할 비상태세를 갖추어야 합니다. 동포 여러분은 왜군을 우리나라에서 축출하는 데 가장 효과적으로 조력할 수 있습니다. 행동 개시의 때가 오면 적의 군사시설과 통신시스템을 파괴하고 적의 사기를 허물어뜨릴 수 있게끔 준비를 해야 합니다."라고 덧붙였다.

국제사회에서는 한반도 중립화 통일론이 전문가들에 의해 꾸준하게 연구되고 있다. 한반도 중립화 통일론의 경우, 김용중 선생의 활약이 워낙 두드려졌었기 때문에 그의 노선을 추종하는 이들이 늘고 있는 추세이다. 추모식을 준비하는, 애국지사 김용중 선생 기념사업회 김성희 이사장은 "독립운동을 위해 어릴 적 고국을 떠나 평생을 머나먼 미국 땅에서 독립운동가이자 통일운동가, 민주화 운동가의 삶을 관철하셨던 선생은 '내 뼈는 화장하여 휴전선에 뿌려 달라'는 유언을 남기고 떠나셨다. 죽어서라도 조국을 지키는 수호신이 되어 전쟁 재발을 막고자 했던 선생의 유해는 서거 26년 만에야 고국으로 봉환되어 대전 현충원과 파주 임진각에 절반씩 모셨다. 1945년 8월 15일, 일제에 빼앗긴 조국의 산하는 광복의 날을 맞이했지만, 남북으로 분단된 이 땅에 진정한 8·15는 아직 오지 않았다."라고 강조했다.

한반도 중립화 통일론 한때 김일성 북한 주석도 관심을 가졌던 한반도 통일방안의 하나였다. 전쟁이 아닌 평화적 방법으로의 통일방안이라는 점에서 남북한 정부 차원의 관심이 요망된다고 하겠다.

〈2021/09/03〉

강신옥 변호사 별세…
"박정희 암살했던 김재규 끝까지 변호"

지난 2021년 7월 31일 오전 강신옥 변호사(전 의원)가 별세했다. 올해 85세. 강 변호사는 박정희 전 대통령을 암살했던 김재규 전 중앙정보부장을 변호했던 변호사였다. 저자는 강신옥 변호사와 지난 2007년 4월 26일 단독 인터뷰를 가졌었다. 강 변호사는 이때 "김재규는 의인"이라고 강조했다. 강 변호사의 별세를 계기로 저자와 가진 지난 2007년 인터뷰 전문을 중계한다. 아래는 본지(브레이크뉴스 2007년 4월 29일 자 기사)의 전문이다.

"박정희 살해는 김재규 명예혁명이었다"
〈단독 인터뷰〉 김재규를 끝까지 변호했던 강신옥 변호사
 - 문일석 발행인 | 브레이크뉴스 2007년 4월 29일

1980년 5월 24일, 당시 박정희 대통령을 살해했던 김재규가 사형된

날이다. 김재규 사후 27년이 흘렀다. 그에 대한 재평가는 아직도 살인자냐, 독재의 사슬을 끊은 혁명가냐는, 엇갈린 논란이 계속되고 있다. 김재규의 변호를 담당했던 강신옥 변호사(72세. 전 국회의원)는 김재규의 재평가에서 "의기(義氣)가 있는 이 나라의 의인(義人)"이라고 평하길 주저치 않는다. 기자는 4월 26일 아침 7시부터 9시까지 서울 서초동 법원 뒤뜰의 벤치에서 강 변호사와 야외 인터뷰를 가졌다.

강 변호사는 "당시 한국의 민주화 운동에 관심을 기울이고 일면 투쟁해온 가톨릭 김수환 추기경은 박정희를 살해한 김재규를 좋게 보는 발언을 했다."고 전제하고 "성직자로서 사람을 죽인 것을 두둔하지는 않았지만, 의로운 일을 했음을 시사하는 말을 많이 했다. 김수환 추기경은 자신의 목숨을 바쳐가며 독재와 유신의 사슬을 끊어준 김재규의 행동을 높이평가 했다."고 털어놓았다. 다음은 강신옥 변호사와의 인터뷰 내용이다.

– 김재규의 변호를 어떤 경유로 맡게 됐나?

▲1979년 10·26 사건으로 박정희가 사망했다. 민주화 운동을 했던 나로서는 원하는 바였다. 소원을 풀었다. 박정희를 살해한 김재규 당시 중앙정보부장은 시저를 살해한 부르터스와 같은 인물이라고 생각했다. 그러던 차에 박선호 가족들이 나를 변호사로 선임했다. 그 뒤 가톨릭 김수환 추기경 쪽의 사람들이 나를 찾아와 "김재규를 도와달라"고 요청했다. 그래서 나를 비롯해 황인철, 홍성우, 이동명, 임광규 변호사 등이 김재규의 공동변호를 맡게 됐다. 그 후 자원변호사 20여명이 김재규 변호를 하겠다고 나섰다. 일부 변호사들은 자신의 인기

관리를 위해 자원변호사를 자청한 이들도 있었다. 김재규가 이 점을 눈치채고 변호 거부를 선언했다. 김재규는 "나 혼자서도 혁명의 정당성을 말할 수 있다"고 했다. 그러나 나는 박선호 변호인이었기 때문에 1심을 마칠 때까지 김재규의 재판에 참관할 수 있었다.

– 일반에게 잘 못 알려진 김재규의 면모는?

▲김재규의 1심 최후진술은 변호사가 작성한 것이 아닌, 김재규 스스로의 변론(웅변)이었다. 김재규가 30분간 말로 한 것을 내가 외부에 알렸다. 항소심에서 김재규는 나에게 변론해 줄 것을 요구했다. 그래서 나는 황인철, 이돈명 변호사 등과 함께 대법원까지 김재규를 변호했다.

당시 군부는 김재규를 집권욕을 가진 이로 치부했다. 대통령을 하고 싶어 쿠데타를 한 것으로 몰아갔다. 물론 그렇게 볼 수도 있다. 그러나 김재규는 내가 볼 때 박정희를 죽이고 권력을 빼앗아야겠다는 생각을 가진 이는 아니었다. 집권욕보다는 애국심이 강했다. 박정희가 살아있는 동안 이승만과 다르다는 것을 알고 있었다. 박정희는 부마 사태 때도 직접 발포 명령을 내리겠다는 입장을 고수하고 있었다. 이런 차제에 김재규는 유신철폐를 위해 박정희를 살해할 수밖에 없다는 결론을 내렸다. 그렇지 않으면 유신으로 인해 수많은 국민이 희생될 것을 예상했다. 김재규는 그렇게 내다보고 박정희를 제거했던 것이다.

– 김재규의 박정희 대통령 살해와 전두환 집권의 유관 관계는?

▲전두환은 김재규가 쏜 총탄 속에서 집권했다. 김재규가 박정희를 살해한 10·26 사건에 대한 정보를 가장 빨리 입수한 곳이 당시 보안사

였다. 보안사가 김병수 국군통합병원장과의 통화로 코드 원(1=대통령)이 살해됐다는 정보를 입수, 선제공격을 취했다. 보안사는 김재규를 체포하고, 언론을 통제하면서 김재규의 행동이 선한 것이 아니라는 것을 국민들에게 주지시켰다. 차지철에 대한 질투의 결과물로 포장했다. 또는 내연의 여자가 있었다, 돈을 많이 먹었다는 등의 여론조작으로 김재규를 형편없는 놈으로 만들어갔다. 추잡한 동기로 대통령을 살해했다는 것이었다.

욱! 하는 우발적인 사건이었다는 것도 부각시켰다. 당시 전두환 합동수사본부장이 이 내용을 발표했다. 결국, 전두환은 김재규의 혁명을 깔아뭉개고 집권했다.

10·26 당시 민심을 보면 박정희가 죽을 때가 됐다는 분위기였다. 그 무렵 신문을 보라. 김재규는 역사적으로 재평가될 것이다. 12·12, 5·17 사건 등이 일어나면서 전두환 신군부가 강권을 휘둘렀다. 국민은 말 못 하고, 지식인들도 고개를 숙였다. 지내놓고 보니 전두환이 대통령감이냐, 돈을 해 먹고, 의기(義氣)가 김재규와 비교가 되나? 오히려 전두환이 지저분한 사람이다.

- 김재규의 혁명 동기는 순수했는가?

▲ 김재규는 순수했다. 일본의 사무라이들처럼 국가를 위해 자기 생명을 바칠 의기(義氣) 있는 이였다. 김재규는 사육신을 존경했다. 특히 사육신에서 빠진 김문기를 정보부장 때 복권시켰다. 자신이 죽을 자리가 여기라고 인식한 것이다. 지저분한 사람이 결코 아니었다. 김재규는 "내가 박정희에게 신세 졌다. 그러나 그를 죽이지 않으면 유신이 철폐되지 않는다. 소의(小義)를 버리고 야수의 심정으로 유신의 심장을

쏘았다"고 말했다. 보안사에서는 김재규의 이러한 말들을 내가 만들어줬다고 보고 있었으나 그건 사실이 아니었다.

나는 김재규를 접견하는 첫날부터 그로부터 이러한 말을 들었다. 조준희 변호사는 김재규의 이 같은 말들을 듣고 눈물을 글썽인 적도 있다. 김재규는 진실한 동기로 독재자 박정희를 살해, 제거했다. 5·16 쿠데타 같은 욕심이 있은 것도 아니었다. 김재규는 자신이 혁명의 주인공이었다. 김재규는 박정희 시체 위에 올라서서 대통령이 될 사람은 절대 아니라고 했다. 학생들의 피해, 미국과의 관계, 안보 등을 고려해 박정희를 제거했다는 것이었다.

▲당시 신군부 실세는 김재규를 향해 "왜 박 대통령을 죽이고 자결하지 않았느냐"고 따지듯이 말했다. 김재규는 뒤처리할 수 있는 이는 자신뿐이라고 말했다. 김재규는 "설거지를 하고 자결"할 생각이라고 말했었다.

국회 5공 청문회 때 장세동을 심문한 적이 있다. 텔레비전으로 생중계됐다. 당시 나는 "전두환이 김재규를 자결하지 않았느냐?"고 따지면서 "김재규와 전두환 가운데 누가 더 훌륭한가?"라고 물었다. 장세동은 한 사람은 대통령을 죽이고 한 사람은 대통령을 지낸 분이라는 의도로 말했다. 그래서 "자결해야 할 사람은 김재규가 아니라 전두환이요."라고 말한 적이 있다.

– 김재규의 10·26을 재평가 해준다면?

▲사람 생명의 가치는 대통령이나 서민이나 다를 바 없다. 대통령을 죽였다고 해서 반드시 사형시켜야 하나? 전두환은 김재규보다 훨씬 많은 사람을 간접적으로 죽였다고 생각한다, 김재규의 혁명은 박정희

와 경호원 5명 등 6명을 죽였을 뿐이다. 그러나 전두환은 12·12, 광주사태 등에서 많을 국민을 희생시켰다. 김재규의 10·26은 12·12, 5·16, 5·17 보다 훨씬 명예스러운 혁명이다. 김재규의 박정희 살해는 가장 명예스러운 혁명이다. 그리고 '박정희 시해 사건'이라고 하는데, 시해는 왕을 죽였을 때 쓰는 말이다. 나는 '박정희 시해 사건'이 아니라 '박정희 살해사건'이라고 늘 말해왔다.

－김재규 평가에서 섭섭한 게 있다면?

▲10·26 직후 사회적 분위기는 지식인 언론인들 사이에서 김재규를 좋게 평가했다. 그러나 5·17 이후 폭압정치로 인해 그 분위기가 바뀌었다. 권력이 김재규를 좋게 보는 것을 막았다. 이 점이 지금도 섭섭하다. 김재규 가족들은 "김재규가 박정희도 살리고 나라도 살렸다"고 주장했다. 박정희가 죽고 난 뒤 영웅처럼 됐다는 것이다. 김재규의 총에 죽었기 때문에 박정희의 죽음에 대해 국민이 애도도 하고, 국립묘지에 안장됐다는 것이다.

－대법원 사형확정 판결 당시의 비화가 있으면 소개해달라.

▲김재규의 혁명은 성공했다. 유신이 철폐됐기 때문이다. 김재규 재판 당시 유태흥 주심은 절반은 성공했다고 말했다. 그러나 그는 "패장은 원래 사형 아니냐, 김재규는 패장이잖느냐?"고 했다. 그는 김재규에게 사형을 선고한 덕분인지 그 후 대법원장이 됐다가 자살했다.

당시 신군부는 재판부에 사람을 보내 "빨리 사형을 선고하라"고 압박을 가했다고 전해 들었다. 1980년 5월 20일 대법원에서 사형이 확정됐다. 김재규는 사형이 확정되자 속전속결로 그 후 4일 후인 5월 24일 사형됐다.

-당시 신군부는 김재규를 몹쓸 사람으로 몰아갔다.

▲김재규는 1980년 5월에 사형됐다. 그가 죽인 이후, 지난 28년간 김재규와 관련된 이렇다 할 부정적인(네거티브) 정보는 없었다. 깨끗했다. 내연녀로 알려진 A 여인이 있었다. 그는 아들이 둘 있었다. 김재규의 아들이라고 우겨, 유전자 검사까지 했다. 김재규의 아들이 아닌 것으로 판명됐다. 사형되기 전 김재규는 동생인 김항규의 아들을 양자로 지목했다. 만약 A 여인의 아들이 김재규의 아들이었다면 왜 입적시키지 않았겠나? 동생인 김항규도 "형님 아들이었으면 왜 안 데려오겠나?"라고 말했다.

-김재규를 변호해온 것 때문에 신변의 위협도 있었을 텐데

▲항상 위협을 느끼며 지냈다. 나는 김재규가 대법원으로부터 사형선고가 되는 날 보안사 지하실에 끌려갔다. 그래서 김재규가 사형되는 것을 보지 못했다. 5월 24일 보안사 지하실 텔레비전에서 김재규가 사형됐다는 뉴스를 들었다. 김재규의 변호사로서 5월 15일 마지막 면회했다.

-김재규가 살아있다는 설도 있었는데…

▲미국 CIA 개입설도 있었다. 그래서 김재규 사형 이후 미국에서 김재규를 보았다는 설도 나돌았다. 그러나 가족들이 김재규의 시신을 확인했다. 김재규가 살아있다는 말, 그런 말은 말도 안 되는 말이다.

-김재규의 재평가는 시간이 흐르면서 계속되리라 생각한다. 민주화 유공자로 신청했었는데 어찌 됐나?

▲조준희 변호사(민주화보상심의위 위원장)에게 "김재규도 민주화 운동을 한 사람으로 해달라"고 부탁한 적이 있었다. 김재규는 의사이거나 민주

화유공자라는 게 나의 생각이다. 가족들이 민주화보상심의위원회에 민주인사로 심의해달라고 신청했다. 김재규 중앙정보부장은 왜장 이등박문을 살해한 안중근 의사와 같은 의사라는 관점에서이다. 통과되지 않자 가족들은 민주화 유공자 신청을 취하했다.

-김재규가 박정희를 살해한 이후 3김에 대하여 말해달라.

▲1979년 10·26이 일어난 이후 1980년 봄의 일이다. 김대중이 복권됐다. 복권된 이후 인권 변호사들을 집으로 초청했다. 신당 창당, 정치재개, 신민당 입당 여부 등을 묻기 위해서였다. 나는 김대중에게 "정치를 할 때가 아니라 국민운동을 할 때다. 신민당에 입당하라. 그리고 김재규 구명운동을 해달라"고 요망했다. 김대중은 구체적으로 대답을 하지 않았다. 그들은 5·17 사태가 올지도 모르고, 집권야욕에 눈이 어두워 있었다. 당시 김대중, 김영삼, 김종필 등은 한결같이 허점을 보였다.

-박근혜와 악연이 있었던 것으로 알려져 있다.

▲2002년 대선전 때 나는 정몽준의 대선 기획단장이었다. 당시 정몽준은 박근혜를 영입하려고 노력했다. 그래서 나와 정몽준, 박근혜가 테니스를 친 적도 있다. 당시 A라는 유명 여자 연예인이 이혼을 했다. 한 여성지 여기자가 나를 찾아와 "B 연예인이 이혼을 했는데 박정희와 연관이 있느냐?"고 물었다. 그래서 김재규와 가진 면회 노트를 꺼내 김재규가 말한 박정희와 관계한 여성 명단 가운데 B라는 여성이 끼어 있는지를 살펴봤다. 없었다. 이 여기자에게 김재규 면담 노트를 보여줬더니 돌아가서 "강신옥 변호사 입 열다"는 제목하에 박정희의 여자 리스트에 대한 기사를 썼다. 이 기사를 본 정몽준은 나에게 "박

근혜에게 사과를 하라"고 수차에 걸쳐 요구했다. 나는 "뭘, 사과하느냐?"고 말했다. 결국, 나는 스스로 정몽준 캠프를 떠나는 결정을 내렸다. 그때 명예롭게 나온 것이다. 나와 박근혜 간의 악연이기도 했다. 김재규는 수감 중에 가졌던 나와의 면회에서 박정희의 여자관계도 상세하게 공개했다. 수백 명이었다. 김재규는 박정희의 도덕적 타락을 지적했다. 애국심보다 집권욕이 강했다. 이것이 박정희가 비극으로 끝난 이유이다.

－한국의 민주화 운동에 크게 기여한 가톨릭의 김수환 추기경은 김재규를 어떻게 평가했나?

▲당시 한국의 민주화 운동에 관심을 기울이고 일면 투쟁해온 가톨릭 김수환 추기경은 박정희를 살해한 김재규를 좋게 보는 발언을 했다. 물론 성직자로서 사람을 죽인 것을 두둔하지는 않았지만, 의로운 일을 했음을 시사하는 말을 많이 했다. 가톨릭 계통에서 김재규의 구명을 적극적으로 도왔다. 김재규는 죽기 전에 부인 김영희에게 "내가 죽으면 승려가 되라"는 유언을 했는데 김재규의 부인은 가톨릭 영세를 받았다. 아마 가톨릭에서 구명운동을 해준 영향 때문이라고 본다. 김수환 추기경은 자신의 목숨을 바쳐가며 독재와 유신의 사슬을 끊어준 김재규의 행동을 높이 평가했다. 그리고 김재규가 사형될 때까지 끝까지 도움의 손길을 주었다. 가족들이 추기경을 만나 구명을 요청할 때도 "할 말이 없습니다"라는 짧은 말로 응대했다.

⟨2021/07/31⟩

한국 언론 시스템,
선진국 맞는 선진화 과정 거치고 있다!

한국에 진출한 구글(google)은 뉴스-정보를 전달하는 체계에서 아웃 링크(out link) 방식을 선택해왔다. 이 시스템은 한국의 대부분 매체들이 생산한 뉴스나 정보를 구글이 자사(自社)의 웹으로 자동 흡수, 세상에 순식간에 알리는 구조이다. 그런 반면 우리나라의 대형 포털인 네이버 (naver), 다음(daum), 줌(zoom) 등은 인 링크(in link) 방식을 선택해왔다. 인 링크란, 뉴스-정보를 생산하는 매체가 포털사에 뉴스-정보를 전송하는 시스템이다. 또한 입점(入店) 제한을 둬서 포털사들이 언론사들을 쥐락펴락 통제하는 형태를 취해왔었다. 일부 뉴스-정보만을 공론화(公論化)하는 문화 쇄국주의(鎖國主義) 정책을 이어왔다.

아웃 링크, 인 링크 방식. 이 방식이 정착해온 것은 나름대로의 장점이 있었기 때문이었을 것이다. 그러나 오늘 글로벌 세상은 치열한 정보 전쟁의 시대이다. 구글의 아웃 링크 방식이 더 한국의 국익(國益)과 독자들에게 더 효용성이 있다고 판단되는 시점에 도달했다.

저자는 지난 2021년 7월 9일 자 본지(브레이크뉴스)에 "김의겸 의원의 언론개혁 의정활동을 적극 지지하는 이유"라는 글을 게재했다. 이 글에서 "저자는 지하철과 버스를 자주 이용한다. 과거와 같이 지하철 내에나 버스 내에서 종이신문을 읽는 독자들은 보기가 어렵다. 그 아무도 종이신문을 읽지 않는다. 모두 스마트폰만을 바라보고 있다. 다시 말하면, 인터넷에서 정보나 뉴스를 취득하고 있는 것"이라고 전제하고 "인터넷 강국인 한국이 더욱더 인터넷 강국을 유지해가려면, 인터넷 매체가 성장할 수 있어야만 한다. 네이버-다음 등 포털들도 아웃 링크 방식으로 전환, 글로벌 정보전쟁에서 우위를 차지할 수 있는 여건을 만들어줘야 한다. 구글은 아웃 링크 방식으로 모든 정보-뉴스가 순간에 소통되도록 하고 있다. 그러나 우리나라 포털들은 인 링크 방식으로 인터넷 매체들을 통제하려 하고 있다. 강한 통제로 인터넷 매체를 묶어두려는 어둠의 시대는 지났다. 자유 언론의 시대가 활짝 열려 있기 때문이다. 모든 뉴스나 정보는 인터넷망을 통해 빛의 속도로 소통되어지고 있음을 간과해선 곤란하다."고 지적한 바 있다.

국회는 한국 언론의 개혁을 위한 시동을 걸었다. 네이버-다음-줌 등 포털사들의 시스템을 구글 방식(아웃 링크 방식)으로 전환하기 위해 법령개정에 돌입했기 때문이다.

이와 관련, 폴리뉴스(인터넷신문)는 지난 2021년 7월 28일 자 "'네이버 포털' 독점 언론시장, 열린 포털로 판이 확 바뀐다… 카카오, 2021년 8월 초 '콘텐츠 구독플랫폼' 오픈" 제목은 기사에서 "카카오톡이 오는 8월 초 열린 포털(콘텐츠 구독플랫폼)을 오픈하면서, 네이버의 독점적 포털 권력을 기반으로 한 언론환경에 혁명적 변화가 예고되고 있다"고 전망하면서 "포털의 뉴스편집권 관련, 민주당 '미디어 TF 위원장'인 김용민 최고위원은 본지와의 인터뷰에서 '뉴스 편집권은 언론사의 고유 권한' 이다. 언론사 기능으로만 제한하도록 하겠다"며 "열린 포털을 통해 모든 언론사가 포털 뉴스에 진입 가능하도록 하겠다"고 밝힌 바 있다. 그는 또 "네이버 포털이 뉴스편집권을 독점하고 있는 것은 다른 나라에서 찾아볼 수 없는 이례적 사례"라며 "전 국민이 동일한 시간대 동일한 신문을 받아보는 건, 북한의 노동신문과 다르지 않다고 지적했다."고 보도했다.

이 인터넷신문은 "새로운 포털에서는 언론사와 독자가 직접 만나기 때문에 언론사의 경쟁은 더 치열해질 것이며, 따라서 차별화된 양질의 기사를 양산하는 언론사가 경쟁력을 가질 것으로 예상된다. 카카오톡 중심의 열린 포털이 새로운 뉴스 시스템으로 정착하게 되면, 네이버의 뉴스편집권을 바탕으로 한 제왕적 언론 권력은 급격히 무너질 것으로 예상된다."고 덧붙였다.

열린민주당 김의겸 의원은 '신문 등의 진흥에 관한 법률 개정안(신문법)'을 대표 발의했다. ABC 협회의 부수인증 제도가 폐지됐고, 모든 매체에 오픈된 자율편집의 방향으로 관련법을 수정하고 있다. 이 법안은 여야의 무(無)쟁점 법안으로 8월 중 국회에서 관련법이 통과, 인터넷신문들의 경우, 아웃 링크 방식으로의 획기적인 전환이 예상된다.

이에 따라 국가의 최고 정보기관인 국가정보원(원장 박지원)은 공개된 뉴스-정보의 신속한 입수에 따라, 국내 뉴스-정보도 국제 정보기관과의 경쟁에서 우위를 차지할 수 있게 됐다. 다만, 언론 매체들은 이에 따른 책임의 강도(强度)를 더 보강(補强)해야 될 것이다.

폴리뉴스 측은 전송방식이 아웃 링크 방식으로 전환되면 "네이버의 뉴스 편집권을 바탕으로 한 제왕적 언론 권력은 급격히 무너질 것"과 "언론사의 경쟁이 더 치열해질 것"으로 내다봤다. 한국의 포털사들의 뉴스-정보 전달 체계가 아웃 링크 방식으로 선회하게 되면, 이는 한국 언론의 선진화(先進化)를 의미한다. 후발 언론기업들의 약진이 보장되기 때문에 후발 언론사 가운데서도 독자를 많이 모을 언론사가 탄생(誕生)할 공간이 열린 셈이다. 기존의 대형 언론사들이 장악해온 한국의 기득권 언론시장이 해체되어, 언론사 자유경쟁 시대가 본격적으로 개막할 수 있게 됐다. 특정 기업이나 단체가 뉴스-정보를 통제하는 시스템을 탈피, 완전 자유유통 시대로 진입하기 때문이다.

이는 한국의 포털사들도 좋은 기회일 수 있다. 왜냐? 구글과 동등한 위치에서 경쟁, 글로벌 포털사로 거듭 날 수 있어서이다.

한국은 올해 세계 10대 선진국에 들어왔다. 언론 시스템도 선진국 맞는 선진화의 과정을 거치고 있다.

〈2021/07/29〉

김의겸 의원의 언론개혁 의정활동을
적극 지지하는 이유

한국은 정보통신(IT) 분야의 선진국이다. 정보통신 선진국이라는 말은 인터넷 강국(強國)이라는 말과 통한다. 그러나 인터넷 강국에서 인터넷 언론들은 빈사(瀕死) 상태를 면치 못하고 있다. 경영상 배를 고파하고 있다. 그 이유는 기존의 광고시장이 왜곡되어 있었기 때문이라고 진단할 수 있다.

인터넷 세상이 왔는데도, 인터넷 세상에 살고 있는데도, 온라인 세상이 무한대로 확장되고 있는데도 오프라인(종이신문) 사고에서 벗어나지 못하게 했다. 근년에 시대에 맞는 광고시장의 개방이 입법부(국회)와 행정부의 문체부 주관에 의해 시도됐었다.

브레이크뉴스는 지난 2021년 7월 9일 자 "김의겸 의원 '문체부, 마침내 ABC 협회에 대한 사망 선고'" 제하의 기사에서 "열린민주당 김의겸 의원은 7월 9일 페이스북에 실린 글에서 '오늘 문체부가 ABC 협회의 신문 부수 공사자료의 정책 활용 중단을 선언했다. 사실상 ABC 협회에 사망 선고를 내린 것이다. 당연한 결과로 환영한다.'고 밝혔다"면서 "김 의원은 '국회의원직을 승계한 직후 ABC 협회 부수 조작 문제를 언론개혁의 가장 시급한 과제로 삼고 대안 마련에도 주력했다. 국격(國格) 손상이자 부끄러운 일이었던 신문 부수 조작, 자원 낭비, 계란판 신문, 포장지 신문…이제 역사의 뒤편으로 사라진다.'고 전망했다."고 보도했다.

김의겸 의원은 "유료부수가 100만 부가 넘는다는 A 일보의 거짓말도 이제 소용없어졌다"며, "거짓 부수를 근거로 배분된 정부광고비도 이제 새로운 기준으로 새롭게 집행되어야 한다"고 촉구했다. 이어 "(ABC 협회가) 특히 열독률, 구독률을 기준으로 하겠다는 것은 여전히 조중동 중심으로 광고비를 집행할 또 다른 근거를 만드는 것이다. 제가 마련한 신문법 개정안대로 신뢰도와 정부 광고 효과 등의 지표가 반드시 포함되어야 한다."며, "또 신문뿐만 아니라 방송과 인터넷에 대한 기준도 함께 만들어 1조 원이 넘는 정부광고비가 효과적이고 합리적으로 집행될 수 있게 해야 한다."고 강조했다.

입법부와 정부의 이러한 노력은 늦은 감이 있다. 정부가 지출하는 광고비가 일부 오프라인(종이신문) 매체에만 흘러 들어가는 시대는 끝난 셈이다. 그렇다면, 인터넷 강국에서 인터넷 매체로 광고비가 흘러들어와야 한다는 것은 시대의 요청이다. 김의겸 의원의 노력에 지지를 보낸다. 이후, 입법부와 행정의 문체부가 인터넷 매체로 광고비가 들어오게 하도록 행정지원을 아끼지 않아야 한다고 생각한다. 우리나라는 시대 변화에 따라, 종이신문 시대가 저물고 인터넷신문 시대가 활짝 열렸다. 인터넷신문들이 성장하려면 이 신문사들의 수입이 늘어야만 한다.

저자는 지하철과 버스를 자주 이용한다. 과거와 같이 지하철 내에나 버스 내에서 종이신문을 읽는 독자들은 보기가 어렵다. 그 아무도 종이신문을 읽지 않는다. 모두 스마트폰만을 바라보고 있다. 다시 말하면, 인터넷에서 정보나 뉴스를 취득하고 있는 것이다. 인터넷 강국인 한국이 더욱더 인터넷 강국을 유지해가려면, 인터넷 매체가 성장할 수 있어야만 한다. 네이버-다음 등 포털들도 아웃 링크 방식으로 전환, 글로벌 정보전쟁에서 우위를 차지할 수 있는 여건을 만들어줘야 한다.

　　구글은 아웃 링크 방식으로 모든 정보-뉴스가 순간에 소통되도록 하고 있다. 그러나 우리나라 포털들은 인 링크 방식으로 인터넷 매체들을 통제하려 하고 있다. 강한 통제로 인터넷 매체를 묶어두려는 어둠의 시대는 지났다. 자유 언론의 시대가 활짝 열려 있기 때문이다. 모든 뉴스나 정보는 인터넷망을 통해 빛의 속도로 소통되어지고 있음을 간과해선 곤란하다.

〈2021/07/09〉

김재규 전 중앙정보부장
"당당한 모습으로 사형대에 섰다"

지난 2021년 5월 24일은 고 김재규(전 중앙정보부장) 41주기가 되는 날. 그는 1979년 10·26 때 박정희 전 대통령을 암살한 이후 전두환 신군부에 체포되어 1980년 5·18 와중, 군사계엄 하에 사형됐다. 고 김재규 추도 모임은 그의 사형장이었던 옛 서대문 교도소 내에서 열렸다.

김재규 당시 중앙정보부장은 부마항쟁 과정인 지난 1979년 10·26 때 박정희 당시 대통령을 살해했다. 그는 군법에 회부되어 1980년 광주민주화운동 과정에 사형(1980년 5월 24일 사형) 됐다. 김재규 전 중앙정보부장(예비역 장군)은 "육군 18대 3군단장-15대 6사단장"을 지낸 군 출신. 박정희 전 대통령 살해혐의로 사형된 김재규 전 중앙정보부장. 저자(문일석 본지 발행인)는 김재규 전 중앙정보부장의 친동생인 김항규 씨와 지난 1995년 10월 6일, 1995년 11월 12일, 2차에 걸쳐 인터뷰를 가진 바 있다. 그는 당시 작고(1997년 5월 30일 작고)하기 전 밝히지 못했거나 본인이 생각해온 10·26관을 최후로 토로했었다. 김재규 전 중앙정보부장은 친동생인 김항규와 그 가족에게 "나는 세상 부끄러운 일을 하지 않았다"는 최후의 유언을 남겼다. 군사재판은 김재규에게 사형을 선고했고, 군 재판기관은 그를 사형에 처했다. 짐작하건대 김재규 사형 과정에 군 보안사가 뒤에서 사형을 주도했을 것으로 보여진다. 김재규 전 중앙정보부장 사후 만 40년 만에 김재규 전 중앙정보부장의 살해 장면이 담긴 사진이 공개됐다. 박정희 대통령 살해를 '무혈혁명'이라고 주장했던 김재규 전 중앙정보부장이 사형장으로 걸어가는 모습은 비굴하지 않았고, 아주 당당했다. 그리고 눈물 한 방울 흘리지 않은 채로 교수형에 처해졌다. 하얀색 한복을 입고 사형된 김재규 전 중앙정보부장의 최후 모습이 한국 민주주의의 아픔을 전해주고 있다. 무고한 광주시민들이 계엄군의 총칼로 사살되는 그 순간, 광주민주화운동의 치열한 시점에 그는 전두환 군사쿠데타 신군부 군인들에 의해 사형 처분됐기 때문이다.

그런데 저자(문일석 브레이크뉴스 발행인)는 김재규 전 중앙정보부장의 친동생인 김항규 씨와 두 번에 걸쳐 단독 인터뷰를 그는 서울 성북구 동소문동의 조그마한 한옥, 모친댁에 숨어 지내고 있었다. 그를 만난 것은 지난 1995년 10월 6일과 1995년 11월 12일, 두 차례였다. 김재규 사형 장면 사진 공개를 계기로 저자가 김재규 동생인 김항규 씨(고인이 됨)의 생전 인터뷰(16년 전) 내용을, 그대로, 또다시, 세상에 전한다.

박정희 대통령 살해한 김재규 장군 친동생 김항규 씨 '육성 증언'
- 김재규 "세상에 부끄러운 일 절대 하지 않았다" 유언

김항규 씨는 박정희 대통령을 살해한 형(김재규)을 두었다는 것 때문에

1979년 10·26 이후 험한 세상을 살았다. 현불사에 입산, 승려는 아니지만 10여 년간 수도자의 길을 걸었다. 그 이후 죽기 전까지는 서울 성북구 동소문동에 소재하는 조그마한 한옥의 3평 남짓한 비좁은 방에서 생활하다가 세상을 하직했다. 당시 기자(저자)의 김항규 씨 단독 인터뷰는 어렵사리 이뤄졌었다. 그는 "침묵해왔지만, 언제 죽을지 모르기 때문에 입을 열 필요성이 있어 할 말을 남기겠다"며 말문을 열었다.

– 10·26은 사전에 계획했던 일이었다는 주장도 있다. 이에 대해서 아는 바가 있으면 말해달라.

▲내가 형님을 만난 것은 10·26이 일어나기 15일 전쯤이었다. 밤이 늦은 시간까지 대화를 나눴다. 그때 형님은 "이승만 대통령은 물러설 때 물러설 줄을 알았는데, 박정희 대통령은 절대로 물러설 성격이 아니다"면서 거사 의지를 내비쳤다.

나는 "집안사람이 형님만 있는 게 아니다. 만약 형님이 그런 일을 한다면 우린 어찌 되겠느냐"고 말했었다. 이때의 대화로 보면 형님은 박정희 대통령을 제거해야 된다는 생각을 거사 이전부터 가지고 있었던 셈이다. 그와 같은 대화가 오간 뒤부터 형님은 10·26이 일어날 때까지 나와의 면회를 거절했다. 형님의 10·26은 무엇이 되려는 생각에서 일으킨 사건이 아니었다고 본다. 형님은 박정희 대통령을 목숨을 걸고 사랑했다. 역설적이지만, 형님이 박 대통령을 너무 사랑했기에 박 대통령이 발전시킨 우리나라의 민주주의 회복을 위해서는 어쩔 수 없이 박 대통령을 제거했던 것이다.

남녀 간에 서로 사랑하다가 더 이상 사랑을 나눌 수 없을 때 죽는 것과 비교할 수 있을 것이다. 심중(心中)이란 말이 있다. 형님이 박정희 대통령의 마음 한가운데를 꿰뚫고 있었기 때문에 결국 살해할 수밖에 없었을 것이다. 사랑했던 사람이 발전시킨 나라가 잘못되고, 그 국민이 피해를 본다면 불행한 일이기 때문에, 박정희 대통령을 너무 너무 사랑해서 그런 최후의 용단을 내렸다고 생각한다.

형님은 최후진술에서 "제 나이 한 10년이나 20년 끊어 바치더라도 좋으니까 이 나라에 자유민주주의를 회복시켜 놓자, 나는 대통령의 참모인 동시에 대한민국의 고급관리다. 그렇다면 이 나라에 충성하고 이 국민에게 충성할 의무가 있지 않느냐, 결국 나의 명예고 지위고 목숨이고 또 대통령 각하와의 의리도, 이런 소의에 속한 것은 한꺼번에 다 끊어 바친다, 대의를 위해서 내 목숨 하나 버린다, 그래서 원천을 때려 버렸다"고 말했다.

형님을 비판하는 분들도 있겠으나 어찌 됐든 형님은 역사의 흐름을 바꾸었다고 생각한다. 형님은 김영삼이나 김대중 같은 민간 정치인이 대통령이 되어 나라를 이끌어 주기를 간절히 원했다. 군인 출신 정치인들이 국가를 이끄는 시대는 지났다고 간파했다.

형님은 중앙정보부장으로서 부마 사건의 현장에 직접 나갔었다. 부마 사건을 현장 시찰한 형님의 결론은 민란(民亂)이었다. 10·26 사건이 없었다면 서울에서 민란이 발생, 엄청난 희생이 있었을지도 모른다. 박정희 대통령의 제거는 거대한 국민적 희생을 사전에 막은 대사건이었다고 본다.

─ 박 대통령을 제거하고 대통령에 오르기 위한 생각을 가지고 있었는가?

▲(김재규 장군 여동생 김재선) 이런 주장은 신군부가 만들어서 유포시킨 내용이었다. 나는 오빠가 체포되어 사형을 받을 때까지 뒷바라지를 한 사람이다. 오빠는 체포된 뒤 다급하게 메시지를 전달하고 싶어했다. 다급한 메시지란 "혁명을 했다"는 것이었다. 이 사실을 전 국민에게 빨리 알려 달라고 호소했다. 그러나 국선 변호사들은 오빠의 다급한 목소리를 외부에 전달하는 데 소홀했다. 나 자신은 오빠는 독재정치를 무너뜨린 혁명가였다고 믿고 있다.

김항규는 10·26 이후 태백산 현불사에 10여 년간 은둔하며 세상을 보냈었다. 그는 그동안 입을 열어 말하지 못한 내용의 일부를 공개했다.

- 김재규 전 중정부장은 당시 김영삼 총재와 어떤 사이였는가?

▲10·26 사건, 큰 비밀은 아니지만, 그동안 말 못 하고 있던 사실 하나를 밝혀두고 싶다. 다시 말하지만, 형님은 박정희 대통령을 너무너무 사랑했기에 총으로 살해할 수밖에 없었다. 대인(大人)의 길과 소인(小人)의 길은 그런 점에서 다르다. 자기가 모시고 있는 대통령을 살해하는 것은 곧 자기를 살해하는 것과 똑같다는 점에서 그렇다. 형님은 사형대에서 떳떳하게 목숨을 내바쳤다.

1979년 10월, 김영삼 신민당 총재의 제명사건 무렵이었다. 나는 가끔씩 형님을 만날 수 있었다. 그때 형님은 "박 대통령이 김영삼 총재를 없애라고 지시했다"면서 난감한 표정이었다. 우리는 김녕김씨로 김영삼 총재와 동성동본이었다. 항렬로는 김영삼 총재가 조카뻘이었다.

형님은 "한국의 민주주의를 위해 일해 온 김 총재를 내가 도와주지는 못할망정 없앨 수는 없다"고 말한 바 있었다. 형님은 김영삼 총재의 제명사건(1979.10.4)이 있기 하루 전 약수동 정보부장 공관에서 김 총재를 만났다. 씨족 관념이 강했던 형님이 김 총재를 초청해서 어떤 이야기를 나눴는지의 깊은 내막은 잘 모르지만, 형님은 한국에도 민주주의가 필요하다는 김 총재의 말에 귀를 기울였을 것으로 알고 있다.

당시 형님은 "김녕김씨 씨족을 어찌 내가 죽일 수 있느냐? 그것도 한국 민주화의 기둥인 사람을"이라면서 개탄한 것을 옆에서 지켜볼 수 있었다. 형님은 10·26 이후 1심 2회 공판(12월 8일)에서 김영삼 총재 때문에 박정희 대통령을 쏘기 위해 손에 총이 갔다고 했다. 인용해 보겠다.

"각하, 김영삼 총재는 이미 국회의원으로서 면직됐습니다. 사법 조치는 아니지만, 이미 그걸로 본인을 처벌했다고 생각합니다, 일반국민들이. 또 이 사람을 사법 조치까지 하면 같은 건으로 이중 처벌을 하는 인상을 줍니다." 그 말씀을 드리고 곧이어 "각하 정치를 좀 대국적으로 하십시오." 이렇게 제가 콱 흥분했습니다. 그러면서 바로 손에 총이 갔습니다…. 그러고는 그냥 손에 총이 가서 "이 버러지 같은 친구" 하면서 차지철 경호실장을 쏘고 대통령 각하를 쏘았습니다.

ー육군교도소에서 마지막 면회를 한 것으로 알고 있다. 그때 김 정 중 정부장은 어떤 유언을 남겼는가?

▲1980년 5월 24일 사형을 당했다. 그런데 하루 전, 나는 온 가족을 데리고 형님의 면회를 갔다. 형님이 아이들의 손을 붙들고 "큰아버지는 세상에 부끄러운 일을 절대 하지 않았다. 나의 최후진술을 자자

손손 전해다오. 그 속에 나의 진실이 있다"고 말했다. 형님은 이 말을 마치고 난 후 나에게 "이제야 마음이 편안하다"고 속마음을 털어놓았다. 나는 사형집행이 임박했음을 직감할 수 있었다.

- 그런 대화가 오간 다음에 어떤 일이 있었는지를 소개해 줄 수 있는가?

▲나는 형님과의 이별을 위해 이별가를 불렀다. 일본노래 나니와시(浪花節)였다. "내 눈을 보라/ 아무 말도 하지 말라/ 사내들끼리의 뱃속 아니랴/ 한 사람쯤 나 같은 바보가 없으면/ 이 세상에 아무도 눈을 뜨지 못한다"는 가사로 되어 있는 노래이다.

내가 부른 이별가를 듣던 형님은 뱃속에서 우러나오는 소리로 "음"이라고 응답했다. 그리고 형님은 내 귀에다 대고 "항규야, 나 내일 영원히 이별한다. 너만 알고 있어라"고 말한 뒤 내 등짝을 있는 힘을 다해서 때렸다. 이것이 형님과의 마지막 이별의 순간이었다.

- 김재규 전 중정부장이 어딘가에 살아있다는 설이 나돌고 있다. 이 설을 어떻게 생각하는가?

▲결론적으로 말하면 이것은 루머이다. 내가 사형당한 형님의 시신을 만지면서 얼굴을 확인하고 새 옷을 입혔다. 이런 설은 누군가가 만들어 낸 루머라고 생각한다. 나는 세계의 탐정 소설을 거의 빠짐없이 읽었다. 아마 1천여 권은 탐독했을 것이다. 혹시나 다른 사람의 시체로 바꿔치기할 수도 있다는 의문을 가지고 온몸을 살펴보았는데 형님이 틀림없었다. 형님의 목에는 교수형 시킬 때 목에 걸었던 밧줄 자욱이 선연하게 나 있었다.

- 장사 지낼 때도 참관했는가?

▲물론이다. 보안사에서 남한산성을 묘지로 지정해 주었다. 장례를 하기 하루 전에 남한산성을 올라갔다. 나는 산을 올라가면서 남무묘법연화경을 독경했다. 그리고 "부처님, 형님이 묻힐 묘지 하나를 주십시오"라고 소원했다. 이때 느티나무 한 그루가 내 눈에 들어왔다. 그 나무의 늘어진 가지들이 "여기요, 여기요"하는 듯 흔들거렸다. 그래서 나는 느티나무 곁을 가리키면서 "여기를 파주시오"라고 말했다. 그다음 날 그곳에 형님의 시신을 장례 지냈다. 무덤이 비어 있다, 죽지 않고 어딘가 살아있다는 말은 모두 사실이 아니다.

김항규는 박정희 대통령이 1978년 10월 19일 자로 김재규 중앙정보부장에게 보낸 친필편지 한 통을 삶이 끝날 때까지 가지고 있었다. 이 편지는 박 대통령이 김항규의 행동을 정보부장인 김재규에게 질책하는 내용의 편지였다. 박정희 대통령은 김재규 정보부장에게 친필로 써 보낸 편지의 서두는 "근간 입수된 첩보 중 김 부장의 측근 또는 가족에 관한 건 몇 가지 통보하오니 사실 여부 알아봐서 시정 조치토록 하시오"라는 문구로 시작된다.

그는 이 편지로 인해 혼쭐났다고 회고했다. 김항규는 이 편지를 잘 보관해왔다. 법률상으로는 살해 주범인 형이 죽인 살해자 박정희이지만, 두 사람 간의 마지막 악연의 끈을 보여주는 문건이라고 했다.

이 편지를 펼쳐 보이며 눈물을 짓던 김항규는 "내가 좋아하는 설송스님(작고)의 법문이 있다"면서 그 내용을 읊조렸다.

"바람 없는 천지엔 꽃이 필 수 없다(無風天地無花開)

이슬 내리지 않는 곳엔 열매도 없다(無露天地無結實)"

박정희를 살해한 김재규는 한국 역사에 어떤 꽃과 열매를 남겼을까? 대통령을 살해한 김재규 전 중앙정보부장은 바람과 이슬처럼 사형대에서 최후를 맞이했다. 김재규의 친동생 김항규는 "꽃과 열매"라는 화두(話頭) 하나를 기자에게 말해주곤 세상을 떠났다.

〈2021/04/05〉

해외 정보력(情報力)과 국내 정치력(政治力)의 상관(相關)관계

해외 정보력(情報力)과 정치력(政治力)은 어떤 길항(拮抗) 관계가 형성돼 있을까? 국가 최고정보기관의 최고위직에서 근무했던 이들이 국가 최고 지도자(대통령)로 선출돼, 국정을 이끌어 온 사례가 있어서이다. 대표적으로 미국과 러시아이다.

미국의 제41대 대통령(1989~1992)이었던 조지 허버트 워커 부시 전 대통령은 미 중앙정보국(CIA)의 국장 출신이었다. 알려진 대로, 미 CIA는 미국의 해외정보를 총괄-장악해온 세계 최고의 정보기관이다. 부시는 미국의 제11대 CIA 국장(1976. 1. 30~1977. 1. 20)을 지냈다. 미국의 해외정보를 장악했던 인물이 미국의 국내 최고 정치인으로 수직(垂直) 이동된 케이스이다. 해외정보가 그만큼 국내 치리(治理)에 중요하게 작용하는 정치력임을 증명하는 사례로 꼽힌다.

러시아의 현재 대통령인 블라디미르 푸틴 대통령은 구소련의 정보기관인 KGB에 장기간 근무해왔다. 이어 KGB 후신인 러시아연방보안국(FSB)의 국장으로 재임(1998. 7~1999. 8)했다. 러시아연방보안국(FSB)은 미국의 중앙정보국(CIA)과 임무가 같은 러시아 국내외 전담 정보기관이다. 러시아연방의 국내-해외정보를 총괄해온 FSB 국장이 국가의 최고 통치자인 러시아 대통령으로 수직 상승한 케이스이다.

미국의 조지 허버트 워커 부시 전 대통령이나 러시아의 현재 대통령인 블라디미르 푸틴 대통령은 국가 최고 정보기관 수장(首長)을 지낸 공통점을 지니고 있다.

문재인 대통령은 지난 2020년 7월 29일 박지원 국가정보원장에게 임명장을 수여했다. 그 후 박지원 국가정보원장이 국가정보원을 장악, 이끌어 오고 있다. 박지원 국가정보원장이 8개월째 재임하는 동안, 큰 변화가 있었다. 국회가 국가정보원법을 개정, 국내정치를 떠나 북한-해외-국가의 기술유출 방지 등의 전문 정보기관으로 거듭나게 된 것.

박지원 국가정보원장은 정치인 출신이다. 김대중 대통령 시절에 대통령 비서실장-장관을 역임했다. 이어 국회의원-야당 대표를 거쳤다. 현재는 문재인 정부 말기의 국가정보원장직에 있다. 올 초부터 시행된 개정된 국가정보원법에 따라, 국가정보원이 국가의 해외정보 전문기관으로 완전 탈바꿈했다.

이미 미국과 러시아의 정보기관 수장들 가운데 대통령이 됐던 사례가 있다. 이는 해외 정보력에 강(强)한 이가 국내 최고의 통치력을 만들어 낸 실례(實例)라 할 수 있다. 미국에서는 1989년에 조지 허버트 워커 부시 전 대통령이 선을 보였고, 러시아에서는 2000년에 블라디미르 푸틴 대통령(현재) 선보였다. 미국은 32년 전, 러시아는 21년 전의 일이다.

대한민국은 민주주의를 정착시킨 선진 정치 국가이다. 동북아 아시아에서 가장 선진화된 국가체제이다. 대한민국은 국민의 손으로 대통령을 뽑는 국가이다. 공산당 장기집권의 중국 정치체제나 내각제로 이어진 일본의 정치체제보다 훨씬 우월한 정체체제를 갖춘 국가라 할 수 있다.

미국이나 러시아가 정보기관 수장을 대통령으로 뽑았듯이, 만약 대한민국에서도 국가정보원장 출신의 대통령 시대가 열린다면, 박지원 현 국가정보원장도 그중의 한 명일 수 있다. 이 점에서, 저자가 현재의 박지원 국가정보원장을 주목해서 바라보고 있는 이유이다. 이는 유권자인 국민의 몫이다.

대한민국은 선진국가 또는 선도국가로 가는 마지막 관문 앞에서 서성이고 있다. 그 목전이다. 이러한 때 해외 정보력(情報力)과 국내 정치력(政治力) 간의 상관(相關)관계를 따져 보는 이유는, 강한 해외 정보력이 강한 민주국가를 만드는 국제사회 시대의 국력일 수 있음을 간과(看過)해선 안 된다는 입장 때문이다. 김대중 전 대통령의 당선은 IMF 체제와 깊은 연관이 있다. 문재인 정권의 재집권 여부는, 코로나19라는 국제적 전염병 시대와 깊은 연관이 있을 수 있음을 상기(想起)할 필요가 있다. 해외의 고급 정보를 확보할 수 있는 해외 정보력이 국내 정치력을 만들어 낼 수도 있다고 본다.

박지원 국가정보원장의 차기 대선 출마문제는 비밀 정보기관의 수장이 먼저 의사표시를 하기는 어려울 것으로 예상된다. 그러나 정치인 출신 박지원의 지지자들이 박지원 국가정보원장의 정치력이 국가 발전에 기여하는 선한-좋은 에너지가 될 수 있다고 생각한다면, 그리하여 이들이 먼저 대선 참여를 촉구할 수도 있을 것으로 분석된다.

우리나라 그간의 대통령들은 미국 유학생, 군인 장군, 민주 투쟁가, 변호사, 기업 CEO, 전직 대통령의 딸 출신(出身) 등이었다. 그러나 미국과 러시아 경우, 국가의 해외정보를 전담해온 국가 정보기관 수장 등 다양한 전문분야 출신이 대통령이 됐었다. 선진국 진입 문턱에 들어온 우리나라에서도 미국이나 러시아와 같이 전문분야 출신의 대통령 시대가 다가올지, 기대된다.

⟨2021/03/16⟩

제8장

대한민국이 '웃음 선진국가'가
될 수 있는 확실한 이유

대한민국이 '웃음 선진국가'가 될 수 있는
확실한 이유

작은 왕국 부탄은 국민소득 2천 달러쯤 되는 나라이다. 이 나라는 '국민총행복'(GNH·Gross National Happiness)이 세계 1위 국가로 알려져 있다. 이 나라 국민들을 상대로 행복하냐고 물었는데 국민 97%가 행복하다고 응답했다. 히말라야 동쪽 산자락에 있는 작은 왕국이다. 그래서 세계 사람들이 이 나라로 관광을 가곤 한다, 무엇이 그 나라 사람들을 모두 행복하게 만들었는가를 보기 위해. 문재인 대통령도 대통령이 되기 직전에 부탄을 방문했었다. 부탄 국민의 97%가 행복하다고 느끼는 것을 가리켜서 '집단행복(集團幸福)'이라고 말한다.

유대인 출신 영화감독 스필버그는 많은 영화를 제작한 영화제작자 겸 감독이었다. 그의 영화 속에는 늘-항상 웃음이 담겨 있는 게 특징이다.

대한민국 사람의 지능지수(IQ)는 세계 1등이다. 유머(스마일)의 묘미는 순간 포착, 순간 다툼이다. 머리가 좋아야 빨리 이해하고 빨리 웃을 수가 있다. 머리 좋은 사람들이 자주-많이 웃는다. 또 머리 좋은 사람들이 유머의 구사력(驅使力)이 뛰어나다.

저자는 대한민국이 집단 웃음 국가이기를 소원한다. 김구 선생은 문화 상등 국가이기를 소원했다. 이와 마찬가지로, 저자는 대한민국이 웃음 선진국가이기를 소원하며, 대한민국이 웃음 선진국가가 될 수 있는 확실한 이유도 알고 있다.

대한민국이 왜 세계 제1의 웃음 선진국가가 될 수 있을까? 대한민국이 세계에서 가장 빨리 집단유머 국가가 가능할 수 있는 첫 이유는 머리가 좋기 때문이라는 것을 먼저 상기시킨다. '웃음 집단국가'란 저자가 만든 조어(造語)로, 모든 국민이 잘 웃는 국가를 의미한다. 국민 모두가 웃는 나라는 행복지수가 높은 나라일 수 있다. 국민 모두가 웃는 나라가 된다면, 그 즉시 '신뢰 국가'가 될 수 있을 것이다. 세계인들이 믿어 줄 수 있는 나라가 된다는 말이다.

유엔경제총회인 운크타드(UNCTAD)는 2020년에 대한민국을 195개 회원국 만장일치로 개발도상국에서 '선진국가'로 올렸다. 운크타트는 "1964년 창설 이래, 개도국을 졸업한 나라는 대한민국이 처음"이라고 밝혔다. 명실상부, 이제 대한민국은 선진국에 진입했다. 이런 시기에, 대한민국이 웃음을 잘 웃는 국가로 전환했으면 한다.

디지털 시대. 대한민국에서 지하철을 타려면 카드(직불카드)를 사용한다. 수년 전만 해도 지하철 입구 바깥에서 출입을 감시하는 역무원이 있었다. 디지털 시대가 도래한 후 지하철 입구에서 출입을 감시하는 역무원은 이제 볼 수가 없게 됐다. 국민이란 집단이 모두 다 카드를 사용하는 시대로 이전했기 때문이다.

상상해본다. 대한민국 국민 모두가 '스마일(smile)집단'-'웃음집단'이 된다면, 국가가 어떻게 변환(變換)될까? 국가의 신뢰도가 최고조로 올라갈 수 있다고 본다. 온 국민이 웃음을 머금은 국민이 된다면, '웃음집단'이 된다면? 아마 지상에서 가장 행복한 나라가 될 수 있지 않을까?

그러나 아쉽게도 대한민국은 지난 10년 이상 긴 기간, 자살률 세계 1위라는 고통 국가이다. 웃음은 사람들의 내면에 들어 있다. 또한, 웃음은 그 누구나 가지고 있다. 뿐만 아니라 웃음은 무료이다. 돈을 지불하지 않아도 언제든 사용할 수 있다. 내면에 가득한 웃음의 힘으로 자살충동도 없애고, 화평한 나라를 만들어 나아가야 한다. 저자는 대한민국이 세계 최초의 웃음 선진국가 웃음집단 국가가 되기를 소원한다. 모든 국민이 하나같이 늘 하하하 웃으면서 살기를 희망한다. 하하하 웃으면서 삽시다! 하하하…

〈2021/07/30〉

코로나19 세계 사망자 409만 명…
'웃음 암흑시대', 웃음으로만 극복됩니다!

2020년 1월부터 시작된 코로나19 괴질(怪疾)이 2021년 7월 현재에도 더 한층 극성을 부리고 있다. 세계적으로 많은 확진자가 발생했고, 사망자도 늘어났다. 2021년 7월 20일 코로나19 질병의 세계통계에 따르면, 1억9천1백만 명의 확진자가 발생했다. 사망자 수는 409만 명에 달했다. 위와 같은 날, 우리나라의 통계를 보면 확진자 180,481명, 사망자 2059명이다. 코로나19의 전염으로 인해 지구촌에 살고 있는 모든 인간의 생명이 위협당하고 있는 것이다. 미국 워싱턴 의대 건강측정평가연구소에 따르면 사망자 추정치는 693만 명(2021년 5월 9일)에 달했다.

코로나19로 인한 사망자 수는 큰 전쟁으로 인한 사상자 수보다 더 많은 피해자를 속출시키고 있다.

웃음을 연구해온 저자(웃음 종교 교주)는 코로나19 시국(時局)을 '웃음 암흑(暗黑)시대'라고 규정한 바 있다. 왜냐? 코로나19의 전파를 막기 위해 전 인류가 방어수단으로 마스크를 착용하게 됐다. 마스크 착용 부위는 코를 포함한 얼굴의 하단부이다. 당연하게 입과 이빨도 포함된다. 이 부위는 인체 가운데 웃음을 웃게 해주는 주요 부위이다. 마스크의 착용은 입과 이빨 부위를 모두 가리게 돼 있다. 코로나19는 많은 사망자를 만들어 냈지만, 여기에 그치지 않고 인류에게서 웃음을 빼앗아갔다. 2020년 1월부터 웃음을 빼앗긴 인류는 지속해서 웃음을 저당 잡히고 있다. 웃음을 웃지 못하는 기간이 길어졌을 때, 어떤 부작용이 일어날지, 아직까지는 잘 모른다.

그러나 반드시 웃지 못하는 기간, 인류에게 나타났을 부작용이 반드시 있을 것이다. 현재까지의 부작용으로는 자살자의 증가가 보고되고 있다. 웃지 못하는 인간이 겪어야 할, 후유증이 무엇일까? 짐작건대 밝음이 아닌 어두움일 것이다.

저자가 발행인으로 있는 브레이크뉴스 지난 2021년 7월 20일 자 "코로나19 시대 당신의 미소를 보고 싶어요" 제목의 기사에서 마스크를 착용하는 사회의 부작용을 다뤘다. 청각 장애인들은 입술 모양을 보며 말을 이해하는데 마스크를 착용하게 되어 소통에 큰 지장이 있다는 내용이다.

이 기사는 "청각 장애인들은 마스크의 필수 착용이 더 답답하기만 하다. 입 모양을 보는 것이 청각 장애인들에게는 의사소통에 도움이 되는데 마스크가 입을 가려 소통의 장벽이 되기 때문이다. 이와 같은 청각 장애인들의 고충을 해결하기 위해 투명마스크가 개발되었지만, 현재 국내의 투명마스크 생산과 보급은 부족한 실정이다. 대부분 비정부 조직과 자원봉사자들에 의해 이루어지기 때문에 유통과 공급 비용의 실효성이 떨어지기 때문이다. 이에 정부 차원에서의 적극적인 지원이 필요하다는 목소리가 커지고 있다"면서 "투명마스크는 비단 청각장애인에게만 필요한 것이 아니다. 비장애인 초등학교 저학년 언어 교육시간의 경우, 수업 과정에서 불투명 마스크를 착용한 교사의 입 모양을 보지 못하면 언어 이해에 많은 어려움을 겪는다. 또한, 유치원과 어린이집과 같은 보육 시설에서도 아이들은 시각적으로 교사의 입 모양을 보지 않고 청각에만 의존하게 되어 전반적으로 교육의 전달력이 떨어진다."고 지적하고 있다.

세계의 많은 과학자는 발명가들 마스크를 착용함으로써 나타나는 부작용을 줄이기 위한 연구를 하고 있고, 이미 다수의 발명품(투명마스크)이 시중에서 팔리고 있다. 웃고 있는 입과 이빨을 쳐다볼 수 있는 투명마스크의 보급이다. 말소리의 증폭 장치가 달린 마스크의 출현도 멀지 않은 듯하다.

코로나19의 전 세계로의 전파는 인류에게 웃음의 중요성을 알려줬다. 웃음 암흑시대는 반대로 '웃음 밝음시대'의 중요성을 알려준 것이다. 웃음 암흑시대는 반드시 웃음으로만 극복될 수 있다. 모두의 노력으로 '웃는 사회-웃는 국가-웃는 세계'를 만들어 나아가야 한다.

모든 사람은 웃을 줄 안다. 사람이 웃는 웃음은 어머니 배 속에서 이미 배워서 나온 것이다. 웃음은 생래적(生來的)이다. 그만큼 중요하다. 하하하 웃고 사는 세계는 평화로운 세계일 것이다. 그래서 저자가 창안한 하하하 이즘(hahaha ism)이 미래 사회의 통치이념이라고 주장하는 것이다. 웃음 종교는 "웃고 사는 세계의 건설"을 목표로 한다. 하하하 웃으면서 삽시다!

〈2021/07/20〉

"대한민국 정치의 현장에도 항상 웃음이 넘쳐났으면 좋겠다!"

　　국제적으로 코로나19 괴질(怪疾) 정국이 지속되고 있다. 지난 2020년부터 2021년 6월 현재까지 마스크 착용이 강요되고 있다. 방역을 위해 코 하반부를 완전히 가리는 마스크를 착용하고 살아야만 했다. 이로 인해 입 주변의 웃음을 볼 수 없게 됐다. 전 세계가 '웃음 암흑(暗黑)사회'로 변했다.

　　이런 사회가 미리 예정됐는지, 각 국가를 이끄는 정치지도자들 가운데 사람을 웃기는 코미디언, 또는 말을 통해서 사람들을 편안하게 해주는 정치가들이 국가를 이끄는 주요한 자리에 오르는 이들이 늘어나고 있다.

　　미국의 트럼프 전 대통령(2017~2021)은 재임 시 코미디언보다 더 웃겼다는 게 중론(衆論)이다. 무거운 문제도 가볍게 말해주었다. 뒤돌아보면, 트럼프 전 미국 대통령, 참 재미난 정치지도자였다.

　　영국의 보리스 존슨(1964년생) 총리(2019년부터 현재)는 여전히 영국 사회에 웃음을 지속적으로 뿌려주고 있다. 영국인들은 "보리스 존슨 총리가 미국의 트럼프 전 대통령보다 더 나은 조크와 더 나은 두뇌를 갖추고 있다"고 평하고 있다. 사람들을 재밌고, 즐겁게 해주고 있는 것이다.

프랑스의 마크롱 대통령(2017년부터 현재)은 39세 때 대통령에 당선됐다. 이때 그의 부인 브르지트 마크롱은 24세나 나이가 더 많은 연상의 여인이었다. 상식을 허무는 일이 일어났다.

우크라이나는 지난 2021년 4월, 드라마에서 대통령으로 연기한 코미디언 출신인 빅토르 유센코를 대통령으로 선출했다. 살기 힘들다면서, 아예 코미디언을 대통령으로 뽑은 것이다.

우리나라 정치권에서도 스마일 정치(웃음정치)를 하는 정치인들이 늘어나고 있다. 우리나라의 경우, 허경영 국가혁명당 명예대표는 대선 때마다 출마해서 기상천외한 대선 공약들을 내놓고 있다. 때론 공중부양을 한다든가의 기이한 말들을 유포시키면서, 우리 사회에 웃음을 전해주고 있다. 홍준표 전 대통령 후보(국민의힘 의원)는 코미디언(김병조와 함께 연습함) 지망생이었다고 한다. 이재명 경기지사는 사생활 문제(여성 문제)로 가끔씩 웃음을 전파한다. 윤석열 전 검찰총장은 장모-부인 사생활 스토리가 웃음의 대상이 되고 있다. 이준석 국민의힘 당 대표가 따르릉(자전거)을 타고 출퇴근을 하는 모습도, 보는 사람들의 마음을 편하게 해주었다. 물론, 그의 자전거 타는 장면은 영국 총리인 보리스 존슨이 미리 보여준 것이긴 하지만.

위와 같이, 스마일(smile)-웃음이 정치에 차용(借用)되고 있다. 그 이유는 웃음은 인간만이 지니고 있는 고급 가치이기 때문이다. 웃음은 평화(平和)의 상징이다.

대한민국은 동아시아의 정치 선진국가이다. 국민 스스로가 박정희-전두환 군사정부를 퇴치하고, 국민이 주인인 민주주의 국가를 만들어 냈다. 동아시아의 큰 국가인 중국이나 일본의 정치체제보다 우월한 민주국가 체제인 것이다. 국민이 직접 최고 정치지도자를 뽑는 민주국가이다. 대한민국 정치의 현장 또는 내면에도 조크와 유머가 있고, 항상 웃음이 넘쳐났으면 좋겠다. 짜증나는 정치의 행태가 사라졌으면 한다.

코로나19가 제압(制壓)되고 사람들의 생활이 일상(日常)으로, 원상회복된다면? 마스크 착용 없이 자유롭게 웃고, 그 웃음을 두 눈으로 확인할 수 있는 때가 온다면? 그때는 웃음의 중요성이 무엇인지를 이미 깨달았기 때문에, 더 환한 웃음 사회가 열리리라 기대된다. 하하하, 날마다, 티 없이 웃으면서 삽시다. 하하하…

〈2021/06/29〉

코로나19 괴질이 종료된 이후, 어떤 정치-사회적 질적(質的) 변화가 일어날까?

2020년 1월, 코로나19가 지구상에 발병한 이후, 확진자 총 수는 152,502,327명이며, 사망자 수는 3,199,104명에 달합니다(2021년 5월 3일 통계). 주요 국가들의 사망자 수를 보면, 미국 574,565명, 인도 215,542명, 브라질 407,639명, 프랑스 104,100명, 러시아 109,011명, 영국 127,624명, 이탈리아 121,177명 등입니다.

코로나19 괴질이 종료된 이후, 어떤 정치-사회적인 질적(質的) 변화가 일어날지는 아직 잘 모릅니다.

1347년 발병한 흑사병은 많은 사망자를 발생케 함으로써 유럽 인구의 감소를 유발(誘發)토록 했습니다. 유럽 인구의 3분의 1에 해당하는 2,500만 명 정도가 사망했다고 합니다. 괴질의 전염이 신의 진노(震怒)로 파악, 하나님을 믿는 가톨릭이 득세하다가 구교의 부패로 이어졌습니다. 흑사병이 발병한 지 170년 후쯤인 1517년, 종교개혁운동이 일어나 구교에 맞선 개신교(改新敎)가 부흥하기 시작했고, 오늘날에 이르고 있습니다.

인간의 죽음 이후, 사후세계를 명확하게 알지 못한 인류는 신앙에 기댔습니다. 이 기간 종교가 발전을 꾀했습니다. 1939년부터 1945년까지 이어졌던 세계 제2차 대전 때는 7천만 명 정도의 사망자가 **발생했**습니다. 전쟁으로 인한 인류 사망자 수가 최고치에 달했습니다. 유럽의 기독교와 미국 기독교의 번창으로 이어졌습니다. 전쟁 사망자 수의 증가시대 무렵, 내세가 있음을 주장하는 기독교의 교리는 신도증가 **현상**을 만들어 냈습니다.

한반도 전쟁도 마찬가지 현상을 만들어 냈습니다. 1950년부터 1953년에 걸쳐 진행됐던 한반도 전쟁(6·25 전쟁) 기간에 사망**한** 수는 300여 만 명으로 추산(아군+적군+민간인)됩니다. 6·25 전쟁은 한반도를 **폐**허로 만들었습니다. 전쟁으로 인한 다수의 사망자 발생 그 이후, 폭악한 군사정권 시대는 한국을 기독교 부흥국가로 만들어 내는 숙주(宿主) 역할을 했습니다. 반공(反共)을 앞세운 새 종교(신흥종교)도 득세했습니다.

2021년 5월 3일, 코로나19로 인한 사망자 수 통계는 6·25 3년 전쟁 기간의 사망자 수와 맞먹습니다. 코로나19라는 괴질이 종료된다면? 그 이후로 어떤 새로운 세상이 열릴까요? 전혀 예상치 못한 질적(質的)으로 변환된 새로운 세상이 펼쳐질 것으로 예상됩니다.

코로나19의 대표적인 특징은 인간 대 인간으로의 전염이었습니다. 이 때문에 사람과 사람이 만나는 것을 금(禁)했습니다. 법적으로 마스크를 착용케 했고, 자가격리 정책도 취했습니다. 마스크 착용은 입 부위를 가림으로써 마스크로 웃음을 완전히 덮어버리는 '웃음 암흑시대'를 강요했습니다. 대규모 대중이 모이는 정치모임을 법적으로 금했습니다. 다중의 교인들이 모이는 종교의 모임도 금지시켰습니다. 여럿이 모이는 게 악(惡)이었고, 가족끼리의 조촐한 모임이 선(善)이었습니다.

코로나19 시대, 그 이후의 시대는 어떤 시대일까요? 조심스런 예측입니다만, 자기(自己) 내부의 영성을 돌보는 종교 행위가 각광을 받을 것이라는 예상을 해봅니다. 자기(自己) 내부의 영성(靈性)을 돌보는 종교 행위란 과연 무엇일까요? 단상 위에서 외치는 성직자 유(類)들의 종교적인 이론-이념이나 강연을 듣지 않게 됐다는 것입니다. 자기 내부의 영성을 관리하는 것이란 무엇일까요? 명상(瞑想)이나 개인 기도(祈禱) 등의 내적 신앙 운동이 발전할 수 있을 것이란 생각이 듭니다.

누구가 누구의 신앙을 가르치거나, 성직자라는 이들이 저세상의 일을 잘 안다고 하거나, 그리하여 존경받는 세속의 일이 지속될 수 있을까요? 스스로가 스스로의 등불이 되는 자등명(自燈明)의 사회로의 급속한 전환이 일어나지 않을까요?

또 다른 하나는, 코로나19가 강요한 마스크 착용은 입 부위를 전부 가림으로써 마스크가 웃음을 덮어버리는 '웃음 암흑시대'를 강요했습니다. 웃음을 잃어버린 기간이었습니다. 웃음이 인간들에게 얼마나 이로운 내적인 기쁨 물질인가를 확인하는 시기였습니다. 웃음이 지닌 가치(價値), 웃음의 진가 시대가 열릴 것입니다. 인류가 언어는 다르지만 한 웃음을 웃는 한 인류라는 '웃음 이론'이야말로 전쟁을 극복할 수 있는 이론입니다. 국가 상호 간, 상생(相生)의 협상 외교를 가능케 할 수 있습니다. 코로나19는 인류에게 하하하 웃으면서 살아야 한다는 것을 가르쳐 주었습니다.

2021년 5월 3일까지, 코로나19로 사망한 전 세계의 사망자 수는

3,199,104명입니다. 이분들의 죽음을 애도합니다. 명복을 빕니다. 이분들의 죽음은 개인 생명의 존귀함, 더 나아가 웃음의 존귀함을 가르쳐 주었습니다. 하하하 웃으며 삽시다. 그리고 하하하 웃는 세상-전쟁이 전혀 없는 평화로운 세상을 만들어나갑시다. 하하하…

〈2021/05/03〉

코로나19로 마스크 착용 '웃음 암흑시대'…
살아가는 지혜

코로나19의 지속적인 전염-전파로 인해 지구촌 사람들이 대부분 마스크를 착용하며 생활하고 있습니다. 얼굴 하반부에 마스크를 착용함으로써 입과 코가 가려졌습니다. 웃음을 웃을 때는 웃음을 웃기 위해 입이 벌려지고, 입 부위에 있는 하얀 이가 드러나게 돼 있습니다. 그런데 마스크가 이러한 웃음 현상을 완전 차단-가려버렸습니다. 저자는 이러한 현상, 이러한 시대를 '웃음 암흑시대'라고 정의합니다.

누구나 자유로이 웃을 수 있는 웃음이 뭘까요? 한마디로 정의하면, 기쁨 물질입니다. 지구촌 '웃음 암흑시대'를 지혜롭게 살아가려면, 의도적으로라도 웃음을 웃어야 한다고 생각합니다. 이 칼럼에서는 진보-발전한 자린고비 웃음 종교 교주의 구두쇠 전략을 소개하려 합니다. 하하하…

＊멍청한 구두쇠 아버지와 구두쇠 아들놈… ㅋㅋㅋ=구두쇠 아들이 아

버지에게 자기가 아주 잘한 일을 보고했답니다. 버스비를 아끼려고 버스를 뒤따라서 집에까지 뛰어왔다고 말했습니다. 그런데 구두쇠 아들은 그날 아버지한테 '멍청한 놈'이란 말을 들었습니다. "멍청한 놈 택시비가 더 비싼데… 택시를 뒤따라서 집에까지 오지…" ㅋㅋ ㅋ. 으악, 하하하….

이때, 문일석 웃음 종교 교주 왈 "멍청한 아버지와 그 아들놈, 기왕이면 비행기 뒤를 따라서 뛰어오지. 큰돈 아낄 터인데. ㅋㅋㅋ…하하하… 웃고 삽시다!" 이 글을 읽은 임경숙 화백님 왈 "인공위성 따라오지…"라고 댓글을 달아주었습니다. …웃음 터짐! 하하하…

* 진보-발전한 자린고비 웃음 종교 교주의 구두쇠 전략…하하하…=자린고비-구두쇠 아버지가 시장에서 굴비를 사 왔습니다. 그리고 아들에게 자린고비 교육을 시켰습니다. 식탁이 있는 공간에 굴비를 걸어놓고, 밥 한 숟가락 먹고 굴비 한번 쳐다보고, 또 한 숟가락 밥을 떠서 입에 넣기 전에 또 한 번 굴비를 쳐다보고…이렇게 밥을 먹게 했습니다. 아들에게 반찬값이 안 드는 생존법을 가르친 것입니다. 대이은 자린고비 가정교육, 하하하…

그런데 자린고비 아들은 더 구두쇠였습니다. "아버지, SNS에서 구운 굴비 사진을 다운받아 이 사진을 쳐다보면서 밥을 먹으면 굴비 한 마리 안 사와도 해결돼요." 아들 구두쇠가 더 자린고비죠. 그렇죠. 하하하…이 장면을 바라본 문일석 웃음 종교 교주 왈 "아버지-아들 구두쇠여, 유튜브에서 영광굴비 먹는 동영상을 다운받아서, 그 동영상을 보면서 밥을 먹으면 밥맛이 정말 더 좋을 겁니다! 구두쇠 아버

지-아들보다 더 진보-발전한 자린고비-구두쇠 전략입니다… 하하
하…"

코로나19 발병자가 지속되는 한 마스크 착용이 필수적이라 '웃음 암
흑시대'는 계속될 것입니다. 그러하니, 스스로 웃음 광명 세상을 만들
어갑니다. 하하하…

〈2021/03/13〉

인공지능 시대의 새로운 가치관 '웃음 가치관- 하하하이즘(hahahaism)'

인공지능(AI)이 열리고 있다. 세계 2차 대전을 일으켰던 나치 독일의 총통이었던 히틀러(1889~1945). 2차 대전 때의 총 사망자는 수는 7천만 명으로 추산된다.

이런 죄악을 저지른 히틀러에 관한 구글 속의 정보(각종 뉴스 포함)는 총 273만 개에 달한다. 인공지능이 이 정보를 불러내는데 걸리는 시간은 겨우 0.44초. 상상을 초월하는 단축된 정보 찾아내기 속도이다.

현대인들이 누리고 있는 인공지능 시대는 새로운 가치관을 필요로 하고 있다. 저자는 인류 역사이래 최초로 열리고 있는 인공지능 시대의 새로운 가치관으로 웃음 가치관(하하하이즘)을 설파해왔다.

전쟁으로 점철되어온 인류 역사, 이후의 국제사회는 웃음 가치관으로 살아가는, 과거와 다른 국제사회를 만들어, 하하하 웃으면서 사는, 새로운 국제사회를 만들어 내야 한다.

2차 대전(1939~1945) 6년 전쟁에서 7천만 명이 사망했다. 인공지능 시대 전쟁이 일어나면 인류가 얼마나 사망할지 모른다. 이런 두려움을 제거할 수 있는 새로운 정치사상은 '웃음 가치관' 즉 하하하이즘(hahahaism)이다.

인류는 커다란 나무에 매달린 나뭇잎과 같은 존재들이다. 다 함께 웃으면서 살아가는, 새로운 웃음 세상을 만들어 내야 한다.

대한민국, 미래는 문화이다! '웃음 강국'을 만들어가자! 대한민국, 눈부신 나라가 됐다. 이젠 문화강국으로 가야 한다. 웃음 강국으로 가야 한다. 세계에서 제일 환하게 잘 웃는 나라를 만들어야 한다. 슬퍼하는 사람이 많은 나라는 후진국이다. 눈물을 흘리고 있는 사람들이 많은 나라는 아픈 나라이다. 고통이 많은 나라에 웃음꽃이 피어날 수 없다.

영화감독 우디 앨런이 성공한 이유는? …웃음을 준 개그 작가-영화감독-시나리오 작가 겸 영화감독인 우디 앨런(1935년. woody Allen)을 다룬 다큐멘터리 '우디 알랜'에는, 우디 앨런이 영화 40여 편을 제작한 뒷이야기가 소개된다. 가족, 영화계 인사, 유명 배우, 평론가들이 우디 앨런을 증언한다. 그는 개그 작가, 코미디언으로 젊은 시절을 보냈다. 영화감독 우디 앨런이 성공한 이유는 과연 무엇이었을까? 그는 웃음을 준 개그 작가-영화감독이었다. 그가 제작한 다수 영화 속에는 웃음이 용해돼 있다고 생각한다. 관객에게 웃음을 주었기 때문에 우디 앨런을 좋아하는 '팬층'이 생겼다고 본다. 웃음이 우디 앨런이 인기를 얻게 된 비결은 웃음이었다. 하하하 웃기는 영화감독이 크게 성공했다는 것은, 모든 인간 모두는 웃는 것을 좋아한다는 것이 아닐까?

그런데 코로나19 시대, 지난 1년간 전 세계인들에게 마스크 착용을 강요해왔다. 하얀 이빨을 드러내고 환하게 모습을 볼 수가 없게 됐다.

영화 속에 웃음이 들어 있는 영화라도 감상하면서, 하하하 웃으면서 살자! 하하하…웃으면서 삽시다. 하하하…

웃음이 가득한 나라를 만들어갑시다. 웃음 선진국이 곧 웃음 천국일 것이다. 꽃 중 제일 꽃은 웃음꽃이다. 온 나라에 웃음꽃을 피우는, 웃음 선진국을 만들어야 한다! 하하하…웃으면서 삽시다. 하하하…

〈2021/03/09〉

인생이란 마라톤처럼 혼자 뛰는 것?
아니야, 인생은 계주(繼走)라고!

　　모든 사람은 골든 타임(golden time-황금 같은 시간)이 있다고 한다. 과연 나의 인생에도 골든 타임이 있었을까? 내가 나에게 묻는다. 글쎄다. 하지만, 설칠 때가 있었다. 골든 타임이란 라디오-텔레비전 등에서 청취-시청률이 가장 높은 시간대를 일컬으니, 비판하며, 설치고 다닐 때가 있긴 있을 것이다. 이 글은 저자가 시준(視準) 한 명제(命題)에 따라, 즉 "▲가장 지혜로운 자는 허송세월을 가장 슬퍼한다. ▲어려서 불행은 위대한 인물을 낳는 힘이다. ▲인생이란 마라톤처럼 혼자 뛰는 것이다"라는 내용을 전제(前提)로, 이 글을 시작한다.

　　난 상숙자(床宿者)-하숙자(下宿者) 출신이다. 상숙자-하숙자란 사전에도 나오지 않는 단어이다. 어려서부터 글을 잘 썼는지, 군대에서 월간잡지에 취직이 됐다. 군을 제대하고, 어머니가 손에 쥐여준 3,000원을 가지고 서울에 입성했다. 무일푼에 천애 고아나 다름없었다. 그래서 남대문 시장에서 산 군대용 침낭을 책상 위에 펴고, 그 속에 들어가, 책상 위에서 잠을 잤다. 그래서 상숙자(책상 위에서 자는 놈)다. 그런데 어느 날 잠을 자다가 책상 위에서 떨어졌다. 그래서 책상 밑에서 잠을 자게 됐다. 이게 하숙자(책상 밑에서 자는 놈)다.

1980년대 초반, 르포라이터(리포트-report+라이터-writer)라는 직업을 새로 개척했다. 한국엔 보편화 되지 않은 직업이었다. 일종의 프리랜서 기자였던 셈. 당시, 사회적으로 비주류 학교였던 담양중학교-담양실업고등학교(농고)-강남대학을 졸업, 인맥이나 학맥이 거의 없었다. 서울신문 계열의 주간잡지인 선데이서울에 기고를 첫 시작했다. 연재물 시리즈 제목은 '인간시장'(人間市場). 사람을 사고파는 인간-인력시장을 잠입 취재해서 쓰는 글이었다. 보리밥이 반쯤 들어 있는 도시락을 싸 들고 다니면서 잠입 취재를 했다. 선데이서울에 연재했던 인간시장 시리즈 글은 '이색지대'란 단행본으로 출간되어 베스트셀러가 됐다. 이 책의 인세로 집 한 채를 장만할 수 있었다.

1980년~1984년 말까지, 선데이서울, 여성중앙, 여성동아, 레이디경향, 샘이 깊은 물, 월간조선, 정경문화 등 70여 개 매체에 기고할 수 있었다. 당시 어느 해 연말, 국내 월간지에 기고된 저자 순위 통계를 냈는데, 김동길 연세대 교수가 1위였고, 저자가 2위를 기록했다. 공병우 박사가 발명-제조한 한글 타자기를 들고 다니며 손가락이 아프도록 글자판을 눌러댔다. 시골 촌놈-상숙자 출신의 대약진이었다.

저자는 전남 담양 출신이다. 1980년 5·18 당시 주간신문 기자였다. 당시, 계엄 분실 언론검열과는 서울시청 1층에 있었다. 군이 완전 장악한 언론 검열반은 광주민주화운동과 관련된 기사를 일체 보도하지 못하도록 통제했다. 그 이후 나는 광주민주화운동과 관련된 험악한 사진들을 모았다. 1985년에서 1989년까지 미국 뉴욕의 맨해튼에서 발행 됐던 '세계신보(segaetimes-마지막 책 편집부 국장)'에서 기자로 일했다. 이때 광주민주화운동과 관련됐던 폭정의 실태를 아무런 통제를 받지 않고 있는 대로 보도할 수 있었다. 또는 국내에서 벌어졌던 각종 정치적 사건, 반정부 시위 등을 있는 그대로 보도했다. 당시 전두환 군사정부 관련자들은 저자를 '반정부 기자'라고 호칭했었다. 문화이론에 보면, 문화란 인간의 의지로 파괴한 만큼 넓어진다고 했다. 한민족 민중-대중들이 독재와 정치적 압제에 치열하게 저항했던 것은 저항한 만큼 민주주의 진전의 힘이 됐을 것이다.

이때 잊지 못할 일이 만들어졌다. 저자는 『비록 중앙정보부(전 3권)』의 저자인데, 미국에서 방준모 전 중앙정보부 감찰실장, 최세현 전 주일공사(중앙정보부 소속) 등 중앙정보부 출신과 인터뷰할 기회를 얻었다. 이로 인해 김형욱 중앙정보부 전 부장의 실종사건 추적 등이 이뤄졌다. 노무현 정부에서 진전시켰던 과거사진상조사위의 김형욱 실종자료 가운데 저자의 이름이 자주 등장한다. 그러나, 이와 관련, 저자가 추적했던 진실은 끝내 묻혔다.

미국은 진실한, 아주 민주적인 국가이다. 하지만 미국 현지에서 지켜보았던 미국은 한국의 민주화에 대해서는 미국 자국의 국익(國益)을 챙기기 때문이었는지 한국의 민주화는 뒷전이었다. 1987년, 김영삼 총재가 이끄는 야당 방미단이 뉴욕엘 들렀다. 20여 명 이상의 국회의원들이 참석한 모임에서 주한 미 대사를 지낸 이가 연사는 "노태우가 차기 대통령이 될 것"이라고 어깃장 놓는 발언을 했다. 그의 발언대로 노태우가 대통령이 됐다. 미국은 한국의 쿠데타 군부 집권 허용, 그들의 잔

인한 권력을 용인했다. 유감스러운 순간을 목격했다.

당시 한국의 민중은 박정희-전두환 군부 독재세력에 저항했다. 민주주의를 세우겠다고 거리에서 투쟁했다. 독하디독한, 최루탄 가스가 폐부로 스며들었다. 도로에 깔린 벽돌을 깨어 온몸으로 있는 힘을 다하여 던지면서 거리투쟁을 벌였다. 특히 광주학살과 관련된 정보들이 속속 뉴욕으로 들어오기 시작했다. 국내에서 눈 감았던 반독재 저항했던 민중들의 투쟁뉴스-정보들이 지하 경로를 통해 뉴욕으로 유입됐다. 저자는 군부정권에 저항했던 국내의 뉴스-정보들을 미국 뉴욕이란 해방구(解放口)에서 빠짐없이 기록해나갔다. 이때 신문들은 '팩스밀리'라는 신종 소통 도구를 이용, 대부분 국내로 유입, 정가와 시민 단체들에 전달됐다. '팩스 통신'은 위력을 발휘했다. 막아도 막아도 어디론가 밝은 여명의 구멍이 뚫리는 것을 목격했다.

또한, 이때 김일성 북한 주석(1912년 4월 15일, 평안남도 출신-1994년 7월 8일)을 만난 한국인들을 취재, 시리즈로 보도하기도 했다. 그때만 해도 한국 정부는 북한 정보에 대해 봉쇄정책을 펴고 있었다. 신문에 김일성 사진을 맘대로 실을 수 없는 때였다. 그러나 미국은 달랐다. 미국 시민권자들의 경우, 북한방문이 허용됐다. 미국 시민권을 가진 한국인들이 북한을 방문, 김일성을 만난 사람들이 다수 있었다. 또한, 일본에서 북한을 방문, 김일성 북한 주석을 만난 이들도 많았다. 저자가 만난 북한 김일성을 직접 만난 사람들과의 인터뷰 인물은 임창영 전 주 유엔대사(1960. 9. 6~1961. 6. 1), 언론인 문명자(1930~2008) 여사 등 수십 명이었다. 만날 수 없었던 이들은 자료를 추적, 보도하기도 했다. 북한이 발간했던 생생한 북한 자료를 많이 소장하고 있던 뉴욕의 맨해튼에 있는 콜롬비아 대학 도서관을 자주 들었다. 한국에선 접할 수 없었던 북한 자료가 많고 많았다.

그때만 해도 "왜 그런 위험한 취재를 하느냐? 한국에 입국하면 어떡하려고 그러느냐?"고 말해주는 주변 분들이 많았다. 그러나 미국의 뉴욕 그것도 맨해튼에서 발행되는 신문이었으므로 한국 정부가 간섭할 수 없는, 치외법권 지역이었다. 이런 기사를 자유로이 쓸 수 있었던 그 당시, 취재기자로서 골든 타임(황금 시간)이었다. 아마, 짐작하건대, 북한을 방문해서 김일성 북한 주석을 만난 미국-일본의 한인들은 중앙정보부-안기부에서 파견된 정보원들의 감시 대상, 요시찰 인물이었음 직하다. 언론인이었던 저자 역시, 감시 대상 중의 한 명이었지 않았을까? 당시, 나를 보호해주었던 미국에 감사한다. 이런 점에서 나는 친미파이다.

김일성은 6·25를 일으킨 장본인이기도 하지만. 이승만-박정희-전두환-노태우-김영삼 전 대통령과 남한-북한 간, 장기적인 정치대결을 벌였던 북한 최고의 정치인이었다. 한국은 자유민주주의 국가이다. 남한-북한의 긴 대결에서 자유민주주의를 선택한 남한이 승리했다고 말할 수 있다. 남한이 이룩한, 인류사적 자존심이랄 수 있는, 경제적인 폭발성장은 자유민주주의 때문이었다. 김일성을 만난 당시 한국인들은 김일성을 만났다는 것 때문에 '우쭐'했을 수도 있다. 그러나 김일성은 남한-북한 대결에서 패한 패장이랄 수 있다.

1985~1989년, 미국 뉴욕 맨해튼에서의 신문기자 생활은 내 인생의 꽃다운 시기였다. 경제적으로는 매우 가난한 시기였다. 그래도 회상하면, 스스로 위대하다고 생각했다. "불행은 위대한 인물을 낳는 힘"이라

고 했지만, 불행했던 어린 시절이 있었기에 그 불행이 불행인지 모르고 보낼 수 있었다.

1989년, 서울로 들어왔다. 일간신문인 세계일보에 입사, 정치부에 발령이 났다. 그런데 전두환 정권에서 녹을 먹었던 그 신문사의 정치부장 A 씨(전 주미 대사관 공보관장)는 "당신은 빨갱이 기자야, 내 목을 치고 정치부에 들어올 수 있으면 들어와 봐!"라며, 나를 매몰차게 내쳤다. 그때, 이렇게 생각했다.

"그래. 나는 무산대중 출신의 기자인 것은 사실이다. 내가 좌파라고? 아니다. 나는 한국 사람이니 한국파임에 분명하다. 나는 태어나서 줄곧 오른손으로만 밥을 먹어왔으니 우파이다. 나는 전철을 탈 때 에스컬레이터를 타고 오르거나 내릴 때, 오른손으로 잡고 있으니 우파이다. 난 조선일보 해외 면을 좋아해서 자주 읽으니 조선일보파다. 난 노란 색깔의 조밥을 좋아하니 조파다. 더, 솔직하게 답한다면? 나는 남자이니 남자파다. 더더, 솔직하게 말한다면, 난 항문을 닦는데 왼손이 더 편리해서 늘 왼손을 사용하니, 그 일을 치를 때만은 좌파다. 더더더, 솔직하게 말한다면, 좌파? 우파? 난 잘 모르겠다. 폭격기가 폭탄을 싣고, 적진을 향해 고속으로 날 때 좌우의 날개로 비행한다. 한쪽 날개로만 비행한다면 끝내는 자폭한다. 하찮은 파리도 좌우 날개로 난다."

저자는 세계일보 정치부로 입사했으나 정치부 근처에도 가보지 못하고, 출판국에서 발행했던 '세계와 나' '세계여성'에서 1년을 지내다가 사표도 내지 않고, 학교에 비유하면 자퇴했다. 아무런 미련이 없이 떠났다.

1990년을 기점으로 내 인생은 더 격렬한 휩쓸림의 현장으로 내몰렸다. 그해 토요신문에 입사했다. 1992년 대선 때는 편집국장으로 대선 보도를 이끌었다. 편집국장이던 안택수 국장(전 기자협회 회장-전 국회의원)이 국회의원 출마를 위해 편집국을 떠나자 홍성목 사주(발행인)는 나를 편집국장으로 임명했다. 전임 편집국장이었던 안택수 국장은 후임 국장인 나에게 토요신문(주간) 발행 부수 3만5천여 부를 물려줬다. 1992년 12·18 대선 때, 저자가 편집국장이었다. 이때 발행 부수 33만 부를 상회했다. 한국 주간신문 역사상 최고의 발행 부수였다. 친(親) 김대중의 편집 논조를 폈기 때문이었을 것이다. 아마, 이때가 평생 기자였던 저자 인생의 최고조에 달하는 때였음 직하다.

인생이란 마라톤처럼 혼자 뛰는 것이라고. 그게 아니었다. 이때 '토요신문'의 사주는 나에게 부여됐던 편집국장 자리를 회수해 버렸다. 김대중 대선 낙선이 화근이었다. 정치란, 그처럼 무서웠다. 정상에 오르면, 내려오게 예정돼 있었던 모양이다. 인생은 마라톤 경주가 아니라 릴레이 계주(繼走)였다. 죽느니 사느니 발광(?)하며, 몸 맘 바쳐 키웠던 주간신문사의 편집국장 자리를 내주고, 나는 그 자리를 떠나야만 했다. 그때, 낙선했던 김대중 대통령 후보는 영국으로 유학을 떠난다면 떠났다. 내 눈에서는 눈물이 핑 돌았다. 며칠이고 눈물이 났다. 정상에서 내려오는 기분은 그런 것이었다.

토요신문을 떠나, 1993년 주간신문인 일요서울을 창간, 이사 겸 편집국장으로 3년을 일했다. 한국의 현대 주간신문사 역사(歷史)를 쓰라면 쓸 수 있는 사실적 토대가 이뤄지고 있었다. 토요신문-일요서울 편집국장을 마감하고 저자가 신문사 오너-발행인인 체제로 넘어왔다.

김영삼 정권 5년 기간 줄곧 공보처장관이었던 당시 오인환 장관의 허가로, 시사주간 신문인 '주간현대'와 '사건의 내막'을 시작하게 됐다. 1997년 4월에 신문사를 창립했다. 저자는 지난 1997년부터 시사 주간신문 '주간현대'를 발행해왔고, 1998년부터는 시사 주간신문 '사건의 내막'을 발행해왔다. 지난 2003년부터는 인터넷신문 브레이크뉴스를 발행해왔다. 브레이크뉴스는 한동안 인터넷 신문업계 방문자 수 1위를 기록했다. 월 방문자 1,000명을 상회했던, 큰 매체로 성장했다. 지금도 방문자 수면에서 상위 순위를 차지하고 있는 매체이다.

저자 인생에서 빼어 놓을 수 없는 한 가지는 지난 2000년에 발행을 시작했던 일간 '펜 그리고 자유(줄임말 '일간 펜'-일간 전국종합지)'의 발행이다. 저자는 김대중 전 대통령-야당 총재 시절의 최다 인터뷰어였다. 본격 인터뷰란 적어도 3시간은 진행되어야만 한다. 그래야 본질을 꿰뚫을 수 있어서이다. 김대중 전 대통령과 그런 깊은 인연으로, 1998년 2월 김대중 대통령 취임한 이후, 첫 인터뷰어이기도 했다. 박지원 문화부장관이 저자가 발행했던 '일간 펜 그리고 자유'를 등록해준 주무장관이었다. 타블로이드 판형의 전국 일간신문이었던 '일간 펜'은 발행한 이후 서울에서 가장 잘 팔리던 가판 일간신문이었다.

세속적 용어로는 이때가 가장 잘 나갔던, 소위 골든 타임이었다. 그러나 정점에 있었던 세월은 아주 짧고도 짧았다. 일간신문 발행 1년 6개월쯤에 노조의 총파업 선언으로, 잘 나가던 일간신문이 폐간으로 치달았다. 오너 발행인이었던 나는 정점에 올라갔다가, 먼지만 푸석거리는 땅바닥까지 꼬꾸라지고 말았다. 위대한 인물로 가는 줄 알았는데. 그게 아니었다. 성주괴공(成主壞空). 쌓을 때가 있었는데 허물어지는 때가 가까이 뒤를 이었다.

그렇다. 나는 기자로 인생 49년(군대 정훈병 3년 포함)을 보냈다. 짧지 않은 세월이다. 지금 이 시간. 신문의 발행인으로 또는 오너로 있는 이 시간, 아직도 다짐하는 사명은 "자유의 확대에 종사하는 행동"이라는 것이다.

대한민국은 언론자유가 있는 흠뻑 주어진 나라이다. 중국-러시아-북한과 비교하면, 언론자유의 천국쯤 되는 나라라고 생각한다. 저자는, 이런 나라에 살 수 있게 되어 천만다행이라고 생각한다. 저자는 아주 단단한 나무에 "자유, 함께 살자! 난, 너 없이 못살아"라는 문구를 스스로 조각칼로 조각, 회사 외부에 걸어 놨다. 언론 오너로서 "변치 말자"는, 일종의 다짐 같은 것이다.

저자는 박정희-전두환 군사독재 정부에 이어 노태우, 김영삼, 김대중, 노무현, 이명박, 박근혜 전 대통령의 전임 정부와 문재인 현 정부에서 기자 또는 언론사 오너-발행인으로 일해왔다. 대한민국이 민주화-민주주의가 정착하는 과정에서 나름대로 봉사했다. 바닷물은 스스로에게 어느 골짝에서 흘러들어온 물인지를 묻지 아니한다. 다만 그러한 바닷물에 스스로 용해되어 있을 뿐이다. 저자 역시, 대한민국의 민주화-민주주의가 정착하는 과정의 한 언론 물줄기. 그런저런 물줄기 중의 하나로 남아지기를 희구한다.

1976년부터 본격적으로 기자 생활을 했는데, 당시부터 문재인 정권 직전까지 중앙정보부-안기부-국가정보원 IO(정보요원)들의 관리-관찰-감시 대상이었다. 그들이 자주 찾아오곤 했었다. 그분들은 후임이 바뀔 때마다, 나의 담당자라면서 "1976년, 장성역에서 도둑 기차 타고 올라왔느냐?"고 물었다. "도둑 기차 타고 서울에 올라온 놈이냐?"는 투의,

깔보는 식 질문이었다, 솔직히 말해, 나는 그때까지 양복 한 벌이 없는 무산(無産)대중이었다. 글을 잘 썼는지, 군대에서 월간잡지에 취직이 돼, 전역 다음 날 출근해야만 했다. 예비군복에 예비군화를 신고 장성역으로 나갔다. 호남선 기차검표 요원은 나에게 거수경례를 하며 탑승하라고 했다. 정확히 말하면, 무임승차였다. 그러나 검표 요원이 스스로 허락한 승차였다. 그러하니 도둑 기차는 타지 아니했다. 하지만, 나는 그런 유(類)의 놈이었다.

나의 인생에 골든 타임이 있었다면, 결코 위와 같이 허송세월은 하지 않았을 것이다. 또한, 가난한 시골 농촌의 토박이 농부 아들로 태어나서 인생을 불행하게 출발했으니, 위대한 인물로 성공을 했을까? 아니다. 그러하지도 못했다? 정말, 그런 인생이 아니었다. '아엠 유어스'라는 영화의 주인공은 "자본주의를 파시즘"에 비유했다. 그러면서 그는 "파시즘의 자리를 기업이 지배했다"고 비난했다. 저자의 견해로는, 오랫동안 언론이 가졌던 그 자리를 기업이 빼앗아갔다고 생각한다. 언론이 권력의 삼각형 정점에 있었는데 지금은 아니다. 또다시 그런 세월이 다시 올까? 어릴 적, 나는 농부였다. 농업고등학교를 졸업했으니 고등학교 졸업 때까지는 농부였다. 농부가 첨단 인터넷신문의 발행인이 되기까지, 숨 가쁘게 살아왔다. 작가로서 30여 권의 저서도 있다. 『비록 중앙정보부(전 3권)』를 대표 저서로 꼽는다. 급(急)변화-변환 속에 매몰됐다. 인생을 나 홀로, 뛰면서, 팍팍하게 살아왔으니, 승리한 마라토너처럼 인생이 결코 빛나지도 않았다. 인생은 홀로 격렬하게 뛰는 마라톤이 아니었다. 마침내, 인생은 계주(繼走)라는 사실을 깨달았다.

나의 인생 한 토막, 시끄럽고, 또 요란스럽게 산 구석이 있어 기록(記

錄) 차원에서 이 글을 썼음을 밝힌다. 내 인생에 골든 타임은 없었다. 허송세월, 그 자체였다. 쾌속으로 달리는 기차 같은 세월이라는 좌석 위에 그냥 올라타고만 있었을 뿐임을 실토한다. 골든 타임이 아니라, 다만 다가오는 후임자를 위한 '자리 만들기 시간'이었음을 고백한다. 나의 삶은 비주류(非 主流)의 연속이었다. 그래서 주류(主流)를 경외(敬畏)한다. 이 글은 처음부터 끝까지 비주류적인 삶의 고백이지만, 그래도 나를 도와주었던 모든 분에게, 늘 쓰고 다닌 털실 모자를 벗고 "감사합니다"라고, 인사를 올린다. 그리고, 내 인생의 후임들이여, 그대들에게 영광 있으소서!

[이 글은 월간 '시(詩=발행인 서정환)' 2021년 3월호(통권 86호)에 "내 인생의 골든 타임, 촌놈이 인터넷신문 발행인 되다"라는 제목으로 게재됐음을 밝힌다.]

〈2021/02/04〉